Jens Kersting

Bewertung ausgewählter Optionen

IGEL Verlag

Kersting, Jens

Bewertung ausgewählter Optionen

1. Auflage 2009 | ISBN: 978-3-86815-157-2

© IGEL Verlag GmbH , 2009. Alle Rechte vorbehalten.

Die Deutsche Bibliothek verzeichnet diesen Titel in der Deutschen Nationalbibliografie. Bibliografische Daten sind unter http://dnb.ddb.de verfügbar.

IGEL Verlag

Danksagungen und Widmung

Mein Dank gilt Frau Prof. Dr. Susanne Kruse für die Unterstützung bei der Erarbeitung der Inhalte dieser Studie. Für die hilfreichen Anmerkungen, die dieses Buch abgerundet haben, bedanke ich mich darüber hinaus bei Dr. Frank Lehrbass.

Für das große Verständnis und die Unterstützung bedanke ich mich bei meiner Familie und Michaela, denen ich dieses Buch widme.

I

Inhaltsverzeichnis

III

Abbildungsverzeichnis

Abkürzungs- und Symbolverzeichnis

OTC-Markt	Over-the-counter Markt
T	Laufzeit einer Option
Δt	einzelnes Zeitintervall
μ	durchschnittlicher Ertrag eines Finanztitels
σ	Volatilität eines Finanztitels
ε	standardnormalverteilte Zufallsvariable
r	risikoloser Zinssatz
X	Wiener Prozess
$dS(t)$	Veränderung des Preises eines Finanztitels
$S(t_o)$	Underlyingpreis in der Gegenwart
$S_u(t_o)$	Underlyingpreis im Binomialmodell bei positiver Wertentwicklung
$S_d(t_o)$	Underlyingpreis im Binomialmodell bei negativer Wertentwicklung
u	Faktor für die positive Wertentwicklung im Binomialmodell
d	Faktor für die negative Wertentwicklung im Binomialmodell
$p*$	Wahrscheinlichkeit für positive Wertentwicklung im Binomialmodell
K	Basispreis der Option
C_u	Preis einer Call-Option bei positiver Wertentwicklung im Binomialmodell
C_d	Preis einer Call-Option bei negativer Wertentwicklung im Binomialmodell

C_0	Preis einer Call-Option in der Gegenwart im Binomialmodell
V_u	Wert des Hedgeportfolios bei positiver Wertentwicklung
V_d	Wert des Hedgeportfolios bei negativer Wertentwicklung
$PV(V)$	Barwert des Hedgeportfolios
f	Optionspreis im Binomialmodell
$Fc(S_t,t)$	Wert einer europäischen Call-Option im Black-Scholes-Modell
$FP(S_t,t)$	Wert einer europäischen Put-Option im Black-Scholes-Modell
$E[S(t)]$	Erwartungswert für den Underlyingpreis im Zeitpunkt t
S_t	Underlyingpreis im Zeitpunkt t
$Std(f)$	Standardschätzfehler
$T*$	Laufzeitende einer Forward Start Option
$FSTC$	Preis einer Forward Start Call-Option im Black-Scholes-Modell
$CoBarrier$	Preis einer Barrier-Call-Option im Binomialmodell
$VBasket$	Wert des Referenzportfolios einer Basket Option
ρ	Korrelationskoeffizient
FC	Preis einer Basket Call Option

1 Einleitung

„With derivatives you can have almost any payoff pattern you want. If you can draw it on paper, or describe it in words, someone can design a derivative that gives you that payoff." Dieser häufig zitierte Satz von Fisher Black, einem der Entwickler des Black-Scholes-Modells zur Optionsbewertung, aus dem Jahre 1995, fasst die Entwicklung des Optionsmarktes in den letzten Jahrzehnten überzeugend zusammen. Die ursprünglich recht einfachen Formen dieser Derivate, oft auch als Plain-Vanilla-Optionen bezeichnet, wurden in vielerlei Hinsicht weiterentwickelt und so an individuelle Bedürfnisse von Investoren angepasst. Dies führte dazu, dass heute insbesondere auf dem Over-the-Counter-Markt (OTC-Markt), auf dem institutionelle Investoren agieren, eine Vielzahl von Weiterentwicklungen der einfachen Optionen, sogenannte exotische Optionen, existieren.

Die vorliegende Studie stellt einige ausgewählte Formen dieser exotischen Optionen und verschiedene Ansätze für ihre Bewertung vor. Am Ende dieser Studie steht die Beurteilung der Relevanz dieses Themas für die Bankpraxis.

2 Grundsätzliche Überlegungen zur Bewertung von Optionen und Vorstellung ausgewählter Bewertungsmodelle

2.1 Die unsichere Wertentwicklung von Finanztiteln in der Zukunft und ihre Berücksichtigung bei der Optionsbewertung

Die Verfahren zur Bewertung von Finanztiteln sind zahlreich und verfolgen verschiedene Ansätze. Während einige Methoden, wie zum Beispiel die technische Analyse oder die Fundamentalanalyse zur Bewertung von Aktien, den Preis eines Finanztitels in der Zukunft auf Basis von historischen Kursverläufen oder Unternehmenszahlen ermitteln, so verfolgt die quantitative Bewertungsmethodik einen anderen Ansatz. Die quantitative Finanzanalyse unterstellt eine zufällige Komponente in den zukünftigen Preise von Finanztiteln, die nicht sicher prognostizierbar sind. Es wird versucht, diese zufällige Wertentwicklung in mathematischen Modellen abzubilden und zu einem möglichst verlässlichen Ergebnis für den Preis des Finanztitels in der Zukunft zu gelangen.

Bei der Bewertung einer Option kommt unter anderem der Laufzeit T eine Bedeutung zu. Häufig werden Preise von Finanzwerten in der Gegenwart durch Abzinsung eines erwarteten zukünftigen Wertes ermittelt. Bei umgekehrter Vorgehensweise werden, ausgehend vom gegenwärtigen Wert, mögliche Wertverläufe bis zu einem Zeitpunkt in der Zukunft betrachtet. Modelle mit diskreter Zeitbetrachtung verwenden ein oder mehrere gleichlange Intervalle, die mit Δt notiert werden. Falls nur ein Intervall vorhanden ist gilt $\Delta t = T$. Wird die Laufzeit eines Kontraktes in eine beliebige Anzahl n von Intervallen Δt_i unterteilt gilt, dass $T = \sum_{t=0}^{n} \Delta t_i$ ist.

Der relative Wertzuwachs eines Finanztitels in der Zukunft sei gegeben durch

$$R_i = \mu \Delta t + \sigma \varepsilon \sqrt{\Delta t} \qquad (2.1)^1$$

mit R_i als Ertrag des Finanztitels im Betrachtungszeitpunkt i, dem Term $\mu \Delta t$ als Durchschnitt der Renditen in einem Zeitintervall und σ als Standardabweichung der Erträge um den Mittelwert. Mit der Volatilität σ wird

---

[1]   vgl. Wilmott (2007), S. 105

die mögliche Abweichung der tatsächlichen zukünftigen Werte vom Erwartungswert beschrieben. Der Ausdruck $\varepsilon\sqrt{\Delta t}$ ist eine Zufallskomponente, mit der die unsichere Wertentwicklung des Titels in der Zukunft nachgebildet wird. Das ε beschreibt eine standardnormalverteilte Variable. Die Variable μ ist die Wachstumsrate, auch Drift genannt, welche bei Risikofreiheit durch den risikolosen Zinssatz r ersetzt werden kann.[2]

Problematisch an einer diskreten Zeitbetrachtung mit Δt ist, dass die Güte eines Preises für einen Finanztitel sehr stark von der gewählten Länge eines Intervalls abhängt. Dem liegt der Gedanke zugrunde, dass eine Wertentwicklung umso verlässlicher prognostiziert werden kann, je kürzer der Betrachtungszeitraum ist. In einem unendlich kleinem Zeitintervall sind nur zwei Wertentwicklungen möglich: ein sehr kleiner Anstieg oder Rückgang des Preises. Da diese stetige Zeitbetrachtung die verlässlichsten Ergebnisse für den zukünftigen Wert des Titels liefert, kommen bei der Bewertung von Derivaten sehr häufig stochastische Berechnungsmethoden mit stetiger Zeitrechnung

---

[2]   vgl. Wilmott (2007), S. 106

zum Einsatz. Diese ermöglichen eine Berücksichtigung derart kleiner Zeitintervalle, ohne
dass sie einen solch hohen Rechenaufwand
verursachen, wie ein diskretes Modell mit
einer unendlichen Anzahl von Zeitintervallen.[3]

Eine Möglichkeit zur Abbildung von stochastischen Bewegungen zukünftiger Preise
eines Finanztitels und zur Bewertung eines
Derivates ist die Verwendung von sog. Wiener Prozessen, auch bekannt als Brownsche
Bewegungen. Die Veränderungen einer Einheit sei durch $d \cdot$ beschrieben. Der Ausdruck
dS beispielsweise beschreibt die Veränderung des Preises des Underlyings. Im Gegensatz zu (2.1) soll im folgenden Verlauf jedoch
davon ausgegangen werden, dass die Zeit
stetig ist. Das Intervall Δt geht somit gegen
Null. Am Beispiel der Gleichung (2.1) bedeutet dies, dass das erste Intervall Δt zu
dt wird. Der Term $\varepsilon \sqrt{\Delta t}$ wird zu dX, wobei
sich dieser Wert über einen Zeitraum dt wie
eine standardnormalverteilte Zufallsvariable
verhält.[4] Der Term X wird als Wiener Prozess bezeichnet.

---

3   vgl. Neftci (2000), S. 46
4   vgl. Wilmott (2007), S. 111 ff.

Die mögliche Wertveränderung $\Delta S(t_i)$ eines Underlyings nach n Zeitintervallen Δt sei bezeichnet mit:

$$S(t_n) - S(t_0) = \sum_{i=1}^{n} \Delta S(t_i), \text{ wenn } n \to \infty \quad (2.2)$$

Der Preis des Underlyings im Zeitpunkt i wird mit $S(t_i)$ bezeichnet. Ferner wird angenommen, die Wertänderung des Underlyings in einem Zeitintervall Δt sei eine Funktion von $\sqrt{\Delta t}$ oder $-\sqrt{\Delta t}$. Der rechte Term von Gleichung (2.2) besteht für eine unendliche Anzahl von n Perioden aus einer Vielzahl von unabhängigen, gleichverteilten Werten. Da die Wertveränderungen von Δt, der Länge des Zeitintervalls, determiniert werden, werden die Wertveränderungen immer kleiner, je näher Δt gegen Null geht. Die Summe aller Wertänderung kann aufgrund der Annahme, diese seien normalverteilt, mit einem Wiener Prozess approximiert werden.[5] Die relative Wertveränderung eines Underlyings sei gegeben durch die stochastische Differentialgleichung

$$dS(t) = \mu S(t)dt + \sigma S(t)dX(t) \quad (2.3)$$

---

[5]   vgl. Neftci (2000), S. 176

6

Die Veränderung d des Underlyingpreises $S(t)$ setzt sich aus den zwei Termen auf der rechten Seite der Gleichung (2.3) zusammen. Der Ausdruck $\mu S(t)dt$ bildet hierbei die Verzinsungskomponente, der rechte Term $S(t)dX(t)$ ist eine Zufallskomponente, die den zufälligen Preisverlauf des Underlyings in Gleichung (2.3) berücksichtigt. Dieser Gleichung liegt die Annahme zugrunde, dass sich der Preis des Underlyings aus einer festen Verzinsung und einer zufälligen Komponente zusammensetzt.

Die Zufallskomponente $S(t)dX(t)$ folgt einer Brownschen Bewegung X. Es gilt:

$$dX(t) = Z(dt) \times \sqrt{dt} \qquad (2.4)$$

Die Lösung der stochastischen Differentialgleichung (2.3) erfolgt mit Hilfe von Itôs Lemma. Hieraus ergibt sich die folgende Funktion für den Underlyingpreis[6]:

$$S(T) = S(0) \times e^{rT - \frac{1}{2}\sigma^2 + \sigma X(T)} \qquad (2.5)$$

Der Erwartungswert der logarithmischen Aktienrenditen , welche durch $\ln(S(T)/S(0))$ gegeben sind, ist gegeben durch

---

[6]   vgl. Kruse (2007), S. 111

$rT - 0{,}5\sigma^2 T$ mit einer Standardabweichung von $\sigma\sqrt{T}$. Wiener Prozesse bzw. Brownsche Bewegungen sind ein wesentliches Element des Black-Scholes-Modells sowie der Monte-Carlo-Simulation, die in den folgenden Abschnitten 2.3 und 2.4 vorgestellt werden.

2.2 Das Binomialmodell

Das Binomialmodell hat seinen Ursprung in der Arbeit von Cox, Ross und Rubinstein aus dem Jahr 1979[7]. Es handelt sich bei diesem Ansatz um ein einfaches Modell zur Bewertung von Optionen, welchem eine diskrete Zeitbetrachtung zugrunde liegt. Die Laufzeit T der Option wird in mehrere kleinere Zeitintervalle t_n unterteilt. Wesentlich für die Ermittlung des Optionspreises ist ferner die Annahme, dass der zukünftige Wert eines Underlyings, und somit auch einer Option auf dieses Underlying, nicht vorhersagbar ist und ein Handel mit dem Underlying nur zu den betrachteten Zeitpunkten t_n möglich ist.

---

[7]   Cox, Ross, Rubinstein: "Option Pricing – A Simplified Approach" (März 1979), erschienen unter dem selben Titel im „Journal of Financial Economics", September 1979

Es wird in der Gegenwart t_0 davon ausgegangen, dass sich der Wert des Underlyings in t_1 auf einen Faktor u erhöht oder sich auf einen Faktor d verringert. Für u und d gilt demnach:

$u > 1$ und $0 < d < 1$

Die Abbildung dieser beiden möglichen Wertverläufe erfolgt in einem Binomialbaum, wie er in Abbildung 2.1 dargestellt wird.

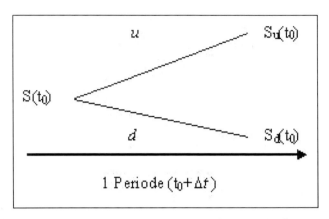

Abb. 2.1: Darstellung der möglichen Wertverläufe der Underlyings im einstufigen Binomialbaum (Quelle: eigene Darstellung)

Verläuft der gegenwärtige Wert des Underlyings $S(t_o)$ positiv, so wird dieser Wert in t_1 mit $S_u(t_o)$ bezeichnet, wobei das u für „up" steht, analog dazu bei negativer Wertentwicklung mit $S_d(t_o)$, mit d für „down". Das Binomialmodell betrachtet unterschiedliche Zeitpunkte t_n und unterschiedliche Wahrscheinlichkeiten für die mögliche Wertentwicklung in der Zukunft.

Da sich eine Shortposition in einer Option C und eine korrespondierende Longposition mit einer Anzahl von Δ Einheiten des Underlyings S derart kombinieren lassen, dass dieses Portfolio kein Risiko mehr enthält, kann die Drift-Rate μ durch den risikolosen Zins r ersetzt werden.[8] Unter Berücksichtigung dieses risikofreien Zinssatzes kann dann argumentiert werden, dass ein risikoloses Portfolio einen Ertrag in Höhe von r erbringen muss.[9] Dabei unterstellt das Modell eine flache Zinsstrukturkurve.

2.2.1 Europäische Optionen im Binomialmodell

Die oben dargestellte Vorgehensweise soll zunächst anhand eines Beispiels für eine europäische Option veranschaulicht werden. Zur Bewertung einer europäischen Call-Option wird zunächst ein risikoloses Portfolio gebildet, auf dessen Basis ein Preis für die Option im einstufigen Binomialbaum errechnet werden kann.

Der Kurs einer Aktie betrage in t_0 100 EUR und sei bezeichnet mit $S(t_0)$. Betrachtet wird eine Call-Option, welche einen Strike-Price von K=100 EUR besitzt. Diese Option hat ei-

---

[8]   vgl. Cox, Ross, Rubinstein (1979), S. 3
[9]   vgl. Hull (2006) S. 241/242

ne Laufzeit T, welche ein Jahr beträgt. Über die zukünftige Wertentwicklung der Aktie sei bekannt, dass der Wert der Aktie in einem Jahr entweder auf 125 EUR erhöht oder auf 75 EUR zurückgeht. Demnach gilt, dass $u = 1{,}25$ und $d = 0{,}75$ ist. Für das Auszahlungsprofil C am Ende eines jeden Pfades gilt:

$$C = \max[S_i(t_0) - K; 0] \qquad (2.6)$$

Das Auszahlungsprofil der Option sei bezeichnet als C_u bei positiver und C_d bei negativer Wertentwicklung. Der Gegenwartswert der Option entspricht C_0. Der Zinssatz r betrage 10%. In einem einstufigen Binomialbaum erfolgt nun die Abbildung des Auszahlungsprofils der Option und die Wertentwicklung der Aktie. Wie Abbildung 2.2 zeigt, beträgt der Auszahlungsbetrag der Option bei einem Anstieg des Aktienkurses 25, bei einem Rückgang des Wertes beträgt er 0. Aus den Faktoren u und d lässt sich die Wahrscheinlichkeit p^* für eine positive Wertveränderung nach folgender Formel berechnen[10]:

---

[10]   vgl. Hull (2006), S. 244

$$p^* = \frac{e^{rT} - d}{u - d} \qquad (2.7)$$

Einsetzen der oben genannten Werte in Gleichung (2.7) führt zu einer Wahrscheinlichkeit von 0,7103 für eine positive Wertentwicklung. Die Wahrscheinlichkeit für ein Rückgang des Preises beträgt $1 - 0,7103 = 0,2897$. Abbildung 2.2 zeigt das obige Beispiel graphisch:

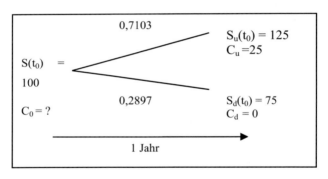

Abb. 2.2: Darstellung des Zahlenbeispiels aus 2.2.1 im Binomialbaum
(Quelle: eigene Darstellung)

Erhöht sich der Wert der Aktie in t_1 auf 125 EUR, so liegt der Wert der Longposition in Aktien bei $125 \times \Delta$ und die Auszahlung der Option beträgt:

$$C_u = \max[S_u(t_0) - K;0] \Rightarrow 125 - 100 = 25,$$

$$(2.8)$$

was zu einem Portfoliowert von 125Δ - 25 führt. Verringert sich der Wert der Aktie auf 75 EUR, so beträgt der Wert der Shortposition 75Δ, mit einer Auszahlung der Option von $C_d = \max[75 - 100;0] = 0$. Bei einem risikofreien Portfolio muss Δ so gewählt werden dass gilt:

125Δ - 25 = 75Δ, oder allgemein:

$$S_u(t_0)\Delta - C_u = S_d(t_0)\Delta$$

$$(2.9)$$

Auflösen von (2.9) nach Δ ergibt somit:

Δ = 0,5.

Das Δ („Delta") beschreibt einen Sensivitätsparameter einer Option, welcher angibt, um wie viel Einheiten sich der Wert einer Option verändert, wenn sich der Wert des Underlyings um eine Einheit verändert. Im oben beschriebenen Beispiel bezeichnet diese Größe die Anzahl der Aktien, die „geshortet" werden müssen, um ein risikoloses Portfolio zu kreieren. Dies bezeichnet man als Delta Hedging.[11]

---

[11]   vgl. Hull (2006), S. 251

Um ein risikoloses Portfolio zu konstruieren, muss eine Longposition in einer Option demnach mit einer Shortposition in 1/2 Aktien eingedeckt werden um sämtliche Risiken aus zukünftigen Wertschwankungen zu eliminieren. Die Berechnung des Portfoliowertes V für die beiden, oben betrachteten Szenarien führt zu

$$V_u = 125 \times 0,5 - 25 = 37,50€ \quad \text{für das Szenario}$$
eines steigenden Wertes in t_1 \hfill (2.10)

$$V_d = 75 \times 0,5 = 37,50€ \quad \text{für das Szenario eines}$$
fallenden Wertes in t_1 \hfill (2.11)

Die Eigenschaft der Risikofreiheit gilt deshalb als erfüllt, weil der Portfoliowert, unabhängig von der Wertentwicklung des Underlyings, stets gleich ist. Der Wert des Portfolios in t_1 muss nun mit r=10% auf den Zeitpunkt t_0 abdiskontiert werden.[12] Es gilt:

$$PV(V) = V \times e^{-r \times T} \quad (2.12)$$

$PV(V)$ bezeichnet den Barwert des Portfolios. Für das vorherige Beispiel gilt mit r=10%:

$$PV(V) = 37,50€ \times e^{-0,1 \times 1} \approx 33,93€ \quad (2.13)$$

---

[12]   vgl. Hull (2006), S. 242 sowie Wilmott (2007) S. 65

Bei einem Aktienpreis von 100 EUR in t_0 ergibt sich der Wert der Option, welcher im Folgenden mit f bezeichnet wird, wie folgt:

$$33{,}93€ = 100 \times 0{,}5 - f \qquad (2.14)$$

$f = 50€ - 33{,}93€ = 16{,}07€$, oder allgemein:

$$f = V - PV(V) \qquad (2.15)$$

Der Preis der Option bei fehlenden Arbitragemöglichkeiten beträgt 16,07€. Bei einem höheren oder niedrigeren Preis könnten Akteure am Markt einen risikofreien Ertrag erwirtschaften, welcher höher ist als der risikofreie Zinssatz r.[13]

Der Optionspreis f lässt sich auch als Barwert der zukünftigen Optionspreise bei positiver und negativer Wertentwicklung, welche beide mit den Eintrittswahrscheinlichkeiten gewichtet werden, ermitteln. Mathematisch sieht dies wie folgt aus[14]:

$$f = e^{-rT}[pf_u + (1-p)f_d], \qquad (2.16)$$

wobei die Ausdrücke f_u und f_d die Preise der Option bei positiver („up") bzw. negativer („down") bezeichnen.

---

[13] vgl. Wilmott (2007) S. 65
[14] vgl. Hull (2006), S. 244

Die diskrete Zeitpunktbetrachtung des Binomialmodells ist, wie in Kapitel 2.1 bereits dargestellt, nicht unproblematisch, da die gewählte Länge des Intervalls die Güte der Ergebnisse für den Optionspreis beeinflusst. Je kleiner die Intervalle gewählt werden, desto geringer ist die Differenz zwischen diskreten und stetigen Bewertungsmodellen im Bezug auf den Optionspreis. Für das Binomialmodell können anstelle eines einstufigen Binomialbaums auch mehrstufige Berechnungen zum Einsatz kommen. Unterteilt man $T = 1$ Jahr in die Intervalle Δt_1 und Δt_2 mit einer Dauer von je 6 Monaten folgen daraus vier verschiedene mögliche Wertverläufe für den Optionspreis in T. Abbildung 2.3 zeigt diese möglichen Verläufe grafisch:

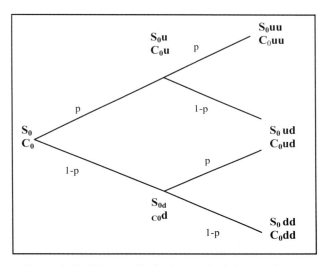

Abb. 2.3 Mögliche Verläufe des Underlying- und Optionspreises im mehrstufigen Binomialbaum (Quelle: eigene Darstellung)

Die Gleichung (2.15) verändert sich bei Anwendung von kürzeren Zeitintervallen Δt zu

$$f = e^{-r\Delta t}[pf_u + (1-p)f_d] \qquad (2.17)$$

Die wiederholte Anwendung von (2.17) für die zweite Stufe des Binomialbaums ergibt für den möglichen Optionspreis in Δt_1 drei mögliche Werte. Analog zu (2.17) ergeben sich diese Werte aus den diskontierten möglichen Optionspreisen in Δt_2. Der Preis der Option lässt sich mit den drei möglichen

Auszahlungen der Option in Δt_2 beschreiben durch[15]:

$$f = e^{-2r\Delta t}[p^2 f_{uu} + 2p(1-p)f_{ud} + (1-p)^2 f_{dd}]$$

(2.18)

Die Wahrscheinlichkeit, dass sich der Wert des Underlyings und damit auch der Wert der Option in beiden Perioden positiv entwickelt, wird durch p^2 beschrieben. Analog stehen die Ausdrücke $2p(1-p)$ und $(1-p)^2$ für die Wahrscheinlichkeit, dass in den beiden betrachteten Intervallen einmal eine positive sowie einmal eine negative bzw. zweimal hintereinander eine negative Wertentwicklung stattfindet.

Die bisherigen Ausführungen mit Gleichung (2.18) als wesentliches Ergebnis gelten analog für Put Optionen. Der wesentliche Unterschied zur Call Option besteht nach Gleichung (2.18) darin, dass der Wert der Put Option mit der Eintrittswahrscheinlichkeit einer negativen Wertentwicklung steigt.

Das Binomialmodell eignet sich, um eine Vorstellung von dem fairen Preis einer Option zu erhalten.[16] Der uneingeschränkten

---

[15]   vgl. Hull (2006), S. 249

[16]   vgl. Wilmott (2007), S. 90

Anwendung in der Praxis stehen jedoch die restriktiven Annahmen, wie etwa die binomiale Verteilung künftiger Underlyingpreise entgegen. Was zunächst wie eine Schwäche des Modells aussieht, kann für die Bewertung von exotischen Optionen allerdings dann nützlich sein, wenn die Komplexität von Optionen in mathematisch anspruchvolleren Bewertungsmodellen nicht abgebildet werden kann.

2.3 Das Black-Scholes-Modell

Nach Veröffentlichung der Arbeiten von Fischer Black, Myron Scholes und Robert Merton im Jahre 1973[17], wurde die Optionspreistheorie mit dem Black-Scholes-Modell grundlegend verändert. Dieses, im Jahre 1997 mit dem Nobelpreis ausgezeichnete Modell ist heute eine der populärsten Methoden zur Bewertung europäischer Optionen. Es verwendet im Wesentlichen dieselben Annahmen wie das Binomialmodell. Im Gegensatz zu diesem unterstellt es jedoch, dass der Aktienhandel auch zwischen den Betrachtungszeitpunkten möglich ist und

---

[17]   vgl. Black, Scholes, Merton (1973); „The Pricing of Options and Corporate Liabilities"

dass das Underlying eine zufällige Wertentwicklung in der Zukunft hat. Ferner liegt ihm
die Annahme zugrunde, dass die Volatilität
des Underlyings konstant ist. Dies bedeutet,
dass die möglichen Abweichung der zukünftigen Werte des Underlyings vom Erwartungswert über den gesamten Betrach-
tungshorizont gleich bleiben. Sofern es sich
bei dem Underlying um eine Aktie handelt,
was im folgenden Verlauf angenommen
wird, so wird unterstellt, dass diese Aktie
keine Dividenden zahlt. Diese Annahmen
werden mit Gleichung (2.3) mathematisch
zum Ausdruck gebracht.

Mit Hilfe stochastische Methoden lässt sich
die Black-Scholes-Formel zur Bewertung europäischer Call-Optionen ableiten[18]:

$$F_C(S_t,t) = S_t N(d_1) - Ke^{-r(T-t)} N(d_2) \qquad (2.19)$$

Gleichung (2.20) beschreibt den Preis F_C einer europäischen Vanilla-Call-Option in Abhängigkeit von der Zeit t und dem aktuellen
Preis S_i des Underlyings. Der Ausübungspreis
der Option wird durch K beschrieben. Die
Ausdrücke $N(d_1)$ und $N(d_2)$ beschreiben

---

[18]   vgl. Black, Scholes, Merton (1973), S. 640 ff.
sowie Neftci (2000), S. 297

den Wert der Normalverteilung an einer Stelle d_i, welche die Wahrscheinlichkeiten für die Entwicklung des Underlyingpreises beschreiben. Mathematisch werden sie beschrieben durch[19]:

$$d_1 = \frac{\ln(S_t / K) + \left(r + \frac{1}{2}\sigma^2\right)(T - t)}{\sigma\sqrt{T - t}} \qquad (2.20)$$

und

$$d_2 = d_1 - \sigma\sqrt{T - t} \qquad (2.21)$$

Zur Beschreibung der Vorgehensweise bei der Berechnung eines Optionspreises mit Hilfe der Black-Scholes Formel sei eine europäische Call Option auf eine Aktie betrachtet, die einen aktuellen Wert von 80,00 EUR besitzt. Der Ausübungspreis der Option betrage ebenfalls 80,00 EUR und die Laufzeit des Kontraktes sei mit einem Jahr angenommen. Unterstellt wird ferner eine Volatilität von 35 %. Der risikofreie Zinssatz betrage 10%. Zunächst erfolgt die Berechnung von d_1 und d_2 durch Gleichung (2.20) bzw. (2.21):

---

[19]   vgl. Neftci (2000), S. 297

$$d_1 = \frac{\ln\left(\dfrac{80}{80}\right) + (0,1 + 0,5 \times 0,35^2) \times (1-0)}{0,35 \times \sqrt{1-0}} \approx 0,46 \Rightarrow N(0,46) = 0,6772$$

$$d_2 = 0,46 - 0,35 \times \sqrt{1-0} = 0,11 \Rightarrow N(0,11) = 0,5438$$

Einsetzen der für N(d_1) und N(d_2) ermittelten Werte in Gleichung (2.19) ergibt als Preis der Option:

$$F_C = 80€ \times 0,6772 - 80€ \times e^{-0,1\times 1} \times 0,5438 = 14,812€ \approx 14,81€$$

Die Black-Scholes Formel interpretiert den Preis einer Option als eine Funktion von Underlyingpreis und Zeit. Die möglichen Preise für die oben gegebene Option können demnach auch in einem dreidimensionalen Koordinatensystem abgebildet werden. Abbildung 2.4 zeigt die Preise der Option für unterschiedliche Preise von S sowie unterschiedliche Restlaufzeiten.

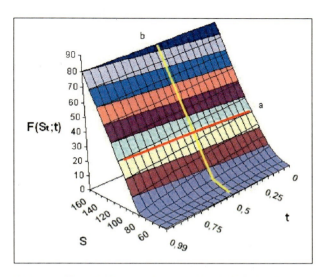

Abb. 2.4: Der Optionspreis nach Black-Scholes im dreidimensionalen Koordinatensystem (Quelle: eigene Darstellung)

Die beiden Dimensionen Underlyingpreis und Zeit, welche die Black-Scholes Formel verwendet um einen Optionspreis zu errechnen, können auch unabhängig voneinander betrachtet werden. Die Gerade a in Abbildung 2.4 bezeichnet alle möglichen Optionspreise für den Fall, dass der Underlyingpreis fixiert wird und der Wert der Option im Zeitverlauf berechnet wird. Analog hierzu liegen alle Optionspreise für unterschiedliche Preise des

Basiswertes bei fixiertem Betrachtungszeitpunkt auf der Gerade b. Darüber hinaus zeigt die Grafik, dass der Optionspreis, annähernd unabhängig von der Restlaufzeit der Option, gegen Null geht, wenn der Preis des Basiswertes unter eine Schwelle von 50 EUR fällt.[20]

Analog zur oben beschrieben Vorgehensweise zur Berechnung eines Call-Preises, lässt sich nach Umformung der Gleichung (2.19) auch der Wert eines europäischen Vanilla-Puts berechnen[21]:

$$F_P(S_t,t) = Ke^{-r(T-t)}N(-d_2) - S_t N(-d_1) \quad (2.22)$$

Zur Berechnung des Put Preises werden im Black-Scholes Modell lediglich die Vorzeichen von d_1 und d_2 umgekehrt. Für das oben genannte Zahlenbeispiel ergibt sich der Wert einer identisch ausgestatteten Put Option aus:

$$F_P(S_t,t) = 80 \times e^{-0,1(1-0)} N(-0,11) - 80 \times N(-0,46)$$

$$\Leftrightarrow F_P(S_t,t) = 80 \times e^{-0,1(1-0)} \times 0,4562 - 80 \times 0,3228$$

$$\Leftrightarrow F_P(S_t,t) = 7,1989 \text{€} \approx 7,20 \text{€}$$

---

[20]   vgl. Neftci (2000), S. 298

[21]   vgl. Hull (2006), S. 314

Die Bewertung von europäischen Optionen mit dem Black-Scholes Modell ist äußerst populär, jedoch liegen auch dem Black-Scholes Modell Annahmen zugrunde, die in der Praxis so nicht vorzufinden sind. Das Modell unterstellt eine Lognormalverteilung künftiger Aktienrenditen, deren Existenz in der Realität nicht bewiesen werden kann. Auch wenn die Renditen unter Umständen in der Vergangenheit lognormalverteilt waren, kann hiervon nicht sicher auf die Zukunft geschlossen werden kann[22]. Ferner wird eine konstante Volatilität unterstellt, die in der Realität nicht vorzufinden ist. Die Prämisse der konstanten Volatilität wird in Kapitel 4 bei der Bewertung von Forward Start Optionen erneut diskutiert werden.

---

[22]   vgl. Kruse (2007), S. 117

2.4 Die Monte-Carlo Simulation

2.4.1 Einführung in die Bewertung von Optionen mit der Monte-Carlo-Simulation

Im Folgenden soll ein Bewertungsmodell vorgestellt werden, welches beliebig viele mögliche Wertentwicklungen abbilden kann – die Monte-Carlo-Simulation.

Zur Bewertung eines Derivates mit Hilfe der Monte-Carlo-Simulation werden in einem ersten Schritt beliebig viele mögliche Wertverläufe des Underlyings simuliert. Die simulierten Wertverläufe werden durch eine stochastische Gleichung beschrieben und bestimmen das erwartete Auszahlungsprofil einer Option, in dem der Durchschnitt aller möglichen Auszahlungen aus der Option gebildet wird. Durch Abdiskontierung auf den betrachteten Zeitpunkt ergibt sich der Optionspreis. Die Monte-Carlo-Simulation eignet sich sowohl zur Bewertung von Optionen, deren Auszahlungsprofil vom Wertverlauf des Underlyings abhängt, als auch zur Bestimmung eines Preises für korrelationsabhängige Optionskontrakte, die zum Beispiel den in Kapitel 4.3 vorgestellten Basket

Optionen. Diese beiden Arten von exotischen Derivaten werden im Kapitel 3 vorgestellt.

Da die Simulation von verhältnismäßig vielen Wertverläufen im Vergleich zu anderen Bewertungsmodellen erforderlich ist, ist diese Methode der Optionsbewertung die Zeitaufwändigste[23]. Jedoch bestehen, wie im weiteren Verlauf der Studie gezeigt werden wird, im Gegenzug viele Möglichkeiten, das Bewertungsmodell an spezifische Charakteristika der zu bewertenden Option anzupassen.

Der mögliche Wertverlauf eines Underlyings sei gegeben durch:

$$dS = \mu S dt + \sigma S dX \ . \tag{2.23}$$

Die Wertänderung des Underlyings wird mit dS bezeichnet. Diese Wertänderung wird determiniert von den Parametern μ als erwarteter Ertrag bei Risikoneutralität und σ als Volatilität des Wertes des Underlyings. Der Ausdruck X ist ein Wiener Prozess. Bei risikofreier Bewertung kann μ durch r ersetzt werden, so dass gilt:

---

[23]   vgl. Cuthbertson und Nitzsche (2003), S. 463

$$dS = rSdt + \sigma SdX \qquad (2.24)$$

Der Erwartungswert für den Preis des Underlyings im Zeitpunkt t ist gegeben durch:

$$E[S(t)] = S_0 e^{rt} \qquad (2.25)$$

E[$S(t)$] ist der erwartete Wert des Underlyings in t, der Ausdruck e^{rt} ist der Aufzinsungs- oder Wachstumsfaktor des Underlyingpreises in der Gegenwart, welcher mit S_0 bezeichnet wird. Analog zu Gleichung (2.25) kann der Wert des Underlyings in der Gegenwart t_0 durch Abzinsung des erwarteten zukünftigen Wertes für den Basistitel S ermittelt werden mit:

$$S_0 = e^{-rt} E*[S(t)], \qquad (2.26)$$

wobei e^{-rt} der Diskontierungsfaktor ist. Der Ausdruck $E*$ bezeichnet den Erwartungswert des zukünftigen Underlyingpreises $S(t)$.

Die stochastische Gleichung für das relativen Wertveränderungen des Underlyings mit stetiger Zeitrechnung sei gegeben durch

$$\frac{dS}{S} = \mu dt + \sigma \varepsilon \sqrt{dt} \text{ , oder} \qquad (2.27)$$

$$d[\ln(S)] = vdt + \sigma\varepsilon\sqrt{dt} \qquad (2.28)$$

mit $v = \mu - (\sigma^2/2)$ und μ als aktuelle, durchschnittliche Wachstumsraten des Underlyingpreises, wobei ein Austausch mit r bei Risikofreiheit möglich ist. Die Variable ε beschreibt eine standardnormalverteilte Zufallsvariable. Bei diskreter Zeitrechnung gilt für (2.27) und (2.28)[24]:

$$S_t = [1 + \mu\Delta t + \sigma\varepsilon_t\sqrt{\Delta t}]S_{t-1} \qquad (2.29)$$

$$S_t = S_{t-1}\exp\left[\left(\mu - \frac{\sigma^2}{2}\right)\Delta t + \sigma\varepsilon_t\sqrt{\Delta t}\right] \qquad (2.30)$$

Obwohl beide Gleichungen größtenteils sehr ähnliche Ergebnisse die Wertverläufe von S_0 ergeben, enthält nur (2.30) eine exakt lognormalverteilte Zufallsvariable für alle Δt, wohingegen (2.29) nur eine Schätzung für die Lognormalverteilung ergibt und sich der Lognormalverteilung annähert, wenn Δt gegen Null geht.[25]

Die Berechnung des Optionspreises erfolgt, in dem in einem ersten Schritt eine Serie von möglichen Wertverläufen simuliert wird. Für ein Zeitintervall Δt wird je ein Wert ε aus der

---

[24] vgl. Hull (2006), S. 412
[25] vgl. Cuthbertson / Nitzsche (2003), S. 463

Standardnormalverteilung erzeugt. Die Anzahl dieser möglichen Werte wird im Folgenden mit M bezeichnet. Der Ausdruck $M = 100$ bedeutet, dass in einer Serie 100 unterschiedliche Werte für ε erzeugt werden und demgemäß die Laufzeit der Option T in 100 gleichlange Intervalle Δt unterteilt wird. Mit Hilfe dieses Wertes wird durch Einsetzen in Gleichung (2.29) oder (2.30) ein erwarteter Preis für das Underlying berechnet. Auf Basis dieses erwarteten Preises und des Ausübungspreises der Option kann mit Gleichung (2.6) die erwartete Auszahlung der Option berechnet werden.

Der zuvor beschriebene Prozess zur Berechnung eines erwarteten Auszahlungsprofils lässt sich beliebig oft wiederholen. Die durchschnittliche Auszahlung aller simulierten Wertverläufe ist das erwartete Auszahlungsprofil der Option. Durch Diskontierung dieser Auszahlung auf t_0 lässt sich der aktuelle Optionswert bestimmen.

Betrachtet wird eine Aktie, deren aktueller Kurs S_0 bei 200 EUR liegt. Mit der Monte-Carlo-Methode soll eine Call-Option auf diese Aktie, deren Ausübungspreis K mit 210 EUR gegeben sei, bewertet werden. Die Laufzeit T betrage ein Jahr, welches für die

Simulation in 10 Intervalle $\Delta t = 0,1$ unterteilt wird. Die Volatilität wird mit 0,25 angenommen. Die Berechnung der Werte für den Aktienpreis in der Zukunft erfolgt mit Gleichung (2.30). Der Mittelwert für die Auszahlung aus der Option, der mit fünf unabhängigen Simulationsdurchläufen ermittelt wurde, betrage 21,77 EUR[26]. Dies ist die durchschnittliche Auszahlung der Option in $T = 1$, welche bei einem risikofreien Zins von 7,5% zu einem Barwert von 20,20 EUR führt. Mathematisch ist dies gegeben durch:

$$f = 21,77 \times e^{(-0,075 \times 1)} = 20,20 EUR \text{ ,}$$

oder allgemein:

$$f = E[payoff(S)] \times e^{-r(T-t)} \qquad (2.31)$$

Der Ausdruck $E[payoff(S)]$ bezeichnet den Durchschnitt aller erwarteten Auszahlungen in T.

Die Güte der Ergebnisse der Monte-Carlo-Simulation hängt wesentlich von der Anzahl der simulierten Wertverläufe des Underlyings ab.[27] Üblicherweise werden die Standardabweichung ω und der Durchschnitt μ der

---

[26] vgl. Anlage 1
[27] vgl. Hull (2006), S. 414

diskontierten Auszahlungen berechnet, wobei μ der geschätzte Wert für den Preis der Option ist. Der Schätzfehler der Simulation ist gegeben durch:

$$Std(f) = \frac{\omega}{\sqrt{M}} \qquad (2.32)$$

Der Standardschätzfehler der Simulationen für den Optionspreis f wird mit $Std(f)$ bezeichnet, wobei Std für „standard deviation" (Standardabweichung) steht. M bezeichnet die Anzahl der Versuche. Für ein Konfidenzniveau von 95% ergibt sich aus Gleichung (2.32):

$$Std(f) = \frac{1,96\omega}{\sqrt{M}}, \qquad (2.33)$$

womit der Preis für eine Option gegeben ist durch:

$$\mu - \frac{1,96\omega}{\sqrt{M}} < f < \mu + \frac{1,96\omega}{\sqrt{M}} \qquad (2.34)$$

Gleichung (2.33) zeigt, dass die Unsicherheit über den Wert der Option proportional zur Quadratwurzel der Versuchsanzahl ist. Daraus ergibt sich, dass für eine Verdopplung der Genauigkeit des Optionspreises eine Vervierfachung von M notwendig ist.

2.4.2 Möglichkeiten zur Reduktion der Varianz der Ergebnisse

Zur Senkung des Aufwands, den eine hohe Anzahl von Simulationen verursacht, gibt es verschiedene Methoden, zur Reduktion der Varianz der Simulationsergebnisse. Im folgenden Verlauf dieses Kapitels werden zwei dieser Methoden kurz vorgestellt.

Eine Möglichkeit die Varianz des Optionspreises zu reduzieren, besteht darin, normalverteilte Variablen mit gegensätzlichen Vorzeichen zu verwenden.[28] Hierzu wird eine Zufallsvariable aus der Normalverteilung erzeugt mit deren Hilfe ein Preis f_1 für die Option berechnet wird. Im Anschluss daran wird die Variable mit -1 multipliziert und ein Preis f_2 ermittelt. Auf Basis der beiden ermittelten Preise wird ein erwarteter Optionspreis $\bar{f}$ berechnet. Dieser Preis ist der Durchschnitt der beiden Werte f_1 und f_2 und ist gegeben durch :

$$\bar{f} = \frac{f_1 + f_2}{2} . \qquad (2.35)$$

---

[28] vgl. Cuthbertson / Nitzsche (2003), S. 467

Wie in Gleichung (2.35) gezeigt, wird bei dieser Vorgehensweise davon ausgegangen, dass die Umkehrung sämtlicher Vorzeichen den Optionspreis an den wahren Wert annähert, falls f_1 zu hoch ist und umgekehrt. Der Standardschätzfehler $Std(\bar{f})$, wie er in Gleichung (2.33) beschrieben wird, ist wesentlicher geringer als der Fehler von zwei Schätzungen mit voneinander unabhängigen Zufallsvariablen. Diese Vorgehensweise funktioniert jedoch nur bei symmetrischen Verteilungen für die Zufallsvariablen, wie etwa der Normalverteilung.[29] Sie wird als antithetic variable method bezeichnet.

Eine andere Methode um die Varianz der Ergebnisse aus der Monte-Carlo-Simulation zu reduzieren, besteht darin, dass neben der Option A, welche bewertet werden soll, eine ähnliche Option B existiert, die auf Grund eines anderen Auszahlungsprofils einfacher zu bewerten ist. Dies ist zum Beispiel dann der Fall, wenn eine recht genaue Bewertungsmethode für die Option B verfügbar ist. Mit Hilfe der Monte-Carlo-Simulation werden die erwarteten Preise für A und B ermittelt. Die

---

[29]   vgl. Hull (2006), S. 417 sowie Cuthbertson / Nitzsche (2003), S. 467 und Willmott (2007), S. 597

Berechnung des Optionspreises für A, welcher zuverlässiger ist als die einfache Bewertung des Kontraktes mit der Monte-Carlo-Simulation, erfolgt mit:

$$f_A = f_A^* - f_B^* + f_B \qquad (2.36)$$

mit f_A als Preis der Option A, f_A^* und f_B^* als mit der Monte-Carlo-Simulation geschätzte Werte für den Preis von Option A und B, sowie f_B als Preis, der mit der genauen Bewertungsmethode (z.B. dem Black-Scholes-Modell) für Option B berechnet wurde. Diese Methode bezeichnet man als control variate technique.

Die Bewertung von Finanztiteln mit Hilfe der Monte-Carlo Simulation erlaubt eine Berücksichtigung von zufälligen Wertentwicklungen dieser Titel in der Zukunft. Auch in diesem Modell findet sich, ähnlich wie bei der Black-Scholes Formel jedoch die Annahme, dass künftige Wertschwankungen eine bestimmte Verteilung besitzen. Im Gegensatz zum Binomialmodell oder der Black-Scholes Formel kann die Güte der Simulation und somit auch die Güte des berechneten Optionspreises durch die Zahl der simulierten Werte des Underlyings in der Zukunft beeinflusst werden. Darüber hinaus wurden mit der antithetic variable method und der control variate technique zwei Verfahren vorgestellt, mit deren Hilfe die Varianz der Ergebnisse zusätzlich reduziert werden kann.

3 Exotische Optionen und ihre Klassifizierung

3.1 Einführung in die exotischen Optionen

Wird in der Literatur der Begriff „Optionen" verwendet, so sind häufig einfache, standardisierte Kontrakte gemeint, die sowohl am OTC-Markt als auch an Terminbörsen gehandelt werden. An letztgenannten Märkten handeln überwiegend Privatinvestoren Call- und Putoptionen auf die verschiedensten Finanztitel oder Rohstoffe. Diese Form der Optionen wird aufgrund der transparenten Struktur häufig auch als „einfache Optionen" oder „Plain-Vanilla-Optionen" bezeichnet. Diese Optionen begründen ein Recht, jedoch keine Pflicht des Inhabers, zu einem bestimmten Zeitpunkt in der Zukunft, einen festgelegten Finanztitel zu einem vorher vereinbarten Preis zu kaufen (Call-Option) oder zu verkaufen (Put-Option).

Vor allem institutionelle Anleger waren es, die den Markt für exotische Derivate prägten. Exotische Optionen werden aufgrund ihrer Komplexität nicht an Börsen, sondern fast ausschließlich am OTC-Markt gehandelt.

Als exotische Optionen betrachtet diese Studie Optionskontrakte, die komplexer gestaltet sind, als die oben erwähnten Plain-Vanilla Options.

Dies ist vor allem dann der Fall, wenn das Auszahlungsprofil einer Option von weiteren Parametern beeinflusst wird, als der Differenz zwischen aktuellem Preis des Underlyings und dem Ausübungspreis der Option.

Exotische Optionen ermöglichen eine individuelle Gestaltung des Vertrages und sind gerade deshalb für institutionelle Anleger interessant, weil bei der Vertragsgestaltung individuelle Hedging-Bedürfnisse berücksichtigt werden können. Abgesehen von diesem wesentlichen Vorteil sind sie im Allgemeinen profitabler als einfache Optionen.[30] Da bei einigen exotischen Optionstypen, im Gegensatz zu Plain-Vanilla-Optionen, weitere Parameter den Optionspreis beeinflussen, können solche Optionen auch wesentlich kostengünstiger sein als einfache Optionen auf das gleiche Underlying, da der Käufer einer exotischen Option unter Umständen nur ein geringeres Gewinnpotenzial besitzt.

---

[30]   vgl. Hull (2006), S. 529

Die oben erwähnten Vorzüge exotischer Derivate können auch zum genauen Gegenteil, nämlich erheblichen Risiken werden. Dies liegt vor allem an der hohen Komplexität der Produkte. Um Risiken genau überwachen zu können ist es notwendig, die Derivate mit allen Charakteristika in Reporting- und Überwachungssystemen abbilden zu können. Die Individualität der Produkte verlangt somit auch eine Individualität des Reportingsystems. Ist diese nicht vorhanden, besteht die Gefahr, dass im Portfolio eines Investors unentdeckte Risiken vorhanden sind, die im Zweifelsfall zu erheblichen Verlusten führen können. Eine weitere Schwierigkeit ist die Bewertung dieser individuellen Kontrakte. Zwei Optionen, die auf den ersten Blick gleich ausgestattet sind, können sich in Feinheiten erheblich unterscheiden, so dass zwei unterschiedliche Preise zu ermitteln sind.[31]

Die Zahl der Varianten von exotischen Optionen ist äußert groß. Obwohl das Marktwachstum in den letzten Jahren abgenommen hat, gibt es auch heute immer wieder neue Formen von exotischen Optionen. Bei der Neuentwicklung exotischer Optionen

---

[31]   vgl. Wilmott (2007), S. 248

gab es in den letzten Jahren zwei Tendenzen. Zum einen werden immer häufiger verschiedene Formen von exotischen Optionen zu neuen Varianten zusammengesetzt. Zum anderen hielten in den letzten Jahren auch exotische Underlyings Einzug in den Markt für exotische Optionen. So hat zum Beispiel der Markt für Kreditderivate, also der Handel mit Kreditausfallrisiken, in den letzten Jahren eine Hochphase erlebt. Darüber hinaus werden immer häufiger auch Underlyings wie Inflationsgrößen, Versicherungsverträge, Umweltkennzahlen oder sogar Wirtschaftszyklen referenziert. Entsprechend schwer fällt es, ein einheitlich gültiges Klassifizierungssystem zu finden, welches auf alle am Markt existenten Formen von exotischen Optionen anwendbar ist. Kapitel 3.2 soll einen Ansatz zur Klassifizierung vorstellen, der auf die Arbeiten von Zhang zurückgeht.[32]

---

[32] alternative Ansätze sind denkbar und ebenfalls in der Literatur zu finden [vgl. beispielsweise Willmott (2007), S. 249 zur Einteilung von Optionen nach Zeitabhängigkeit und Zeitunabhängigkeit]

3.2 Klassifizierung von exotischen Optionen

So vielfältig die am Markt existenten Formen von exotischen Optionen auch sein mögen, in allen Fällen handelt es sich um Optionen, welche von den klassischen Plain-Vanilla Options abgeleitet wurden[33]. Das Auszahlungsprofil einer Plain-Vanilla Option hängt nur von der Größe des Preises des Underlyings im Fälligkeitszeitpunkt ab. Ob dieser Preis durch einen Kursanstieg bzw. –rückgang zustande gekommen ist, beeinflusst die Auszahlung der Option nicht. Der Wertverlauf des Underlyings ist somit irrelevant.

Anders als bei einfachen Optionen, ist es bei vielen exotischen Optionen maßgeblich, wie sich der Wert des Underlyings auch während der Laufzeit des Kontraktes entwickelt, da dieser Wertverlauf die Auszahlung der Option zum Teil stark beeinflusst. Man spricht in diesem Zusammenhang auch von Pfadabhängigkeit der Option. Als Beispiel seien die später näher betrachteten Barrier Optionen genannt, bei denen die Option erst bei Erreichen eines bestimmten Kursniveaus Gültig-

---

[33] Vgl. Zhang (1998), S. 4

keit erlangt. Wird diese Kursschwelle nicht erreicht, so begründet der Optionskontrakt keinen Rechtsanspruch und ist wertlos. Barrier-Optionen gehören dennoch zur Gattung der Optionen mit schwacher Pfadabhängigkeit, da der Wert der Option nur in dem Zeitpunkt, in dem der Preis des Underlyings den Schwellenwert („Barrier") erreicht, beeinflusst wird. Dies führt dazu, dass die Option ab diesem Moment nicht mehr wertlos ist (sog. „Knock-In-Barrier") oder wertlos verfällt (sog. „Knock-Out-Barrier").[34] Bei asiatischen Optionen hängt die Auszahlung am Ende der Laufzeit von dem durchschnittlichen Preis des Underlyings während der Laufzeit der Option. Da die Cash-Flows maßgeblich von der Wertentwicklung des Basiswertes beeinflusst werden, wird bei asiatischen Optionen auch von stark-pfadabhängigen Optionen gesprochen.

Wird der Cash-Flow einer Option von mehr als einem Underlying beeinflusst, spricht man von Korrelations-Optionen. Handelt es sich bei den Underlyings um Werte aus verschiedenen Assetklassen, so werden diese auch als Cross-Asset-Options bezeichnet. Als

---

[34]   vgl. Wilmott (2002), S. 252-253

Basiswerte für derartige Kontrakte eignen sich Aktien, festverzinsliche Wertpapiere, Devisen oder auch Rohstoffe. Abhängig davon, wie stark die Korrelation der Underlyings das Auszahlungsprofil der Option beeinflusst, werden Korrelationsoptionen erster und zweiter Ordnung unterschieden. Die Optionen erster Ordnung beschreiben Optionskontrakte, bei denen die Korrelation der Underlyings das Auszahlungsprofil der Option direkt beeinflusst. Korrelations-Optionen zweiter Ordnung fassen Optionen zusammen, bei welchen die weitere Korrelation das Payoff-Profil leicht verändert. Eine Outperformance-Option[35] auf zwei Indizes, zum Beispiel den Hang-Seng und den Euro-Stoxx 50, ist eine Option erster Ordnung, da das Auszahlungprofil im Wesentlichen von der Korrelation der beiden Indizes bestimmt wird. Wird angenommen, diese Option sei in US-Dollar denominiert, so beinhaltet sie ne-

---

[35]   Outperformance-Optionen sind Call-Optionen auf die relative Performance zweier Underlyings, z.B. Aktien oder ganze Indizes. Die Option zahlt am Ende der Laufzeit (bzw. bei vorzeitiger Ausübung für amerikanische Optionen) die Differenz der relativen Performance zweier Underlyings, welche mit einem vereinbarten Nominalbetrag multipliziert wird.

ben der ersten Ordnung noch eine zweite, die in der Entwicklung des Euros bzw. des Hong-Kong-Dollars zum US-Dollar besteht. Bei komplexen exotischen Optionen können solche Unterscheidungskriterien demnach auch gemeinsam vorkommen.

4 Ausgewählte exotische Optionen und Ansätze für ihre Bewertung

4.1 Forward Start Optionen

4.1.1 Einführung in die Forward Start Optionen

Forward Start Optionen sind Optionskontrakte, deren Laufzeit T zu einem bestimmten Zeitpunkt T_1 in der Zukunft beginnt. Zu diesem Startzeitpunkt wird der Ausübungspreis der Option auf Basis des dann geltenden Underlyingpreises festgesetzt. Forward Start Optionen sind demnach zu Beginn der Laufzeit am Geld („at-the-money"). Da der Wertverlauf des Underlyings zumindest in dem Zeitpunkt, in welchem der Ausübungspreis der Option festgelegt wird den Wert der Option beeinflusst, wird dieser Optionstyp als schwach pfadabhängige Option klassifiziert. Die Forward Start Option eignet sich unter anderem zur Absicherung von erwarteten zukünftigen Wertschwankungen, zum Beispiel wenn offene Zinspositionen geschlossen werden sollen. Da einfache Derivate bei starken Zinsschwankungen sehr kostspielig werden können, werden Zinspositionen häufig mit den günstigeren Forward Start Optionen gehedgt.[36] Des Weiteren werden Forward Start Optionen auch von Investoren mit Spekulationsabsichten gekauft, die hauptsächlich darauf spekulieren, dass sich die Volatilität des Underlyings in der Zukunft verändert.

Eine andere Anwendungsmöglichkeit für Forward Start Optionen ist die Verwendung als Vergütungsbestandteil für das Management von börsennotierten Firmen. Unternehmen, die ihren Managern Optionen gewähren, deren Laufzeit ein paar Jahre später beginnt, verwenden Forward Start Optionen, um das Management am langfristigen Unternehmenserfolg oder -misserfolg partizipieren zu lassen. Darüber hinaus verwenden Versicherungsunternehmen häufig Forward Start Optionen, um das Risiko, welches aus wertpapierabhängigen Lebensversicherungsverträgen mit garantierten Mindestrenditen entsteht, zu steuern[37].

Den Forward Start Optionen sehr ähnlich sind die so genannten One-Clique-Optionen. Bei diesem Optionstyp wird der Strike Price

---

[36]   vgl. Zhang (1998), S. 187
[37]   vgl. Kruse (2003), S. 1

47

des Kontraktes ebenfalls zu einem bestimmten Zeitpunkt vor Laufzeitende der Option festgelegt.[38]

4.1.2 Bewertung von Forward Start Optionen mit dem Binomialmodell

Für Bewertung von Forward Start Optionen mit dem Binomialmodell gelten die in Abschnitt 2.2 beschriebenen Annahmen. Um den Laufzeitbeginn in der Zukunft bei der Bewertung gerecht zu werden, muss das Modell dennoch leicht modifiziert werden. Im Gegensatz zu Plain-Vanilla-Optionen, bei denen der Ausübungspreis bereits im Zeitpunkt T_0 feststeht, wird dieser bei Forward Start Optionen erst im Zeitpunkt T_1 bestimmt. Die Laufzeit der Option ergibt sich aus der Differenz zwischen dem Fälligkeitsdatum T_2 und dem Startzeitpunkt T_1. Die Bewertung kann in einem zweistufigen Binomialbaum erfolgen, in welchem die erste Periode die Zeit zwischen Vertragsabschluss und dem Laufzeitbeginn und die zweite Periode die eigentliche Laufzeit der Option be-

---

[38]   vgl. Zhang (1998), S. 195

schreibt. Grafisch lässt sich dies wie in Abbildung 4.1 dargestellt beschreiben.

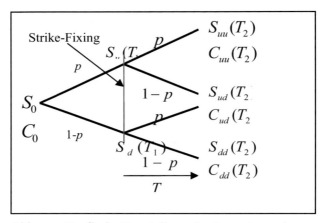

Abb. 4.1: Grafische Darstellung der Bewertung einer Forward Start Option im zweistufigen Binomialbaum (Quelle: eigene Darstellung)

Betrachtet wird im Folgenden eine Aktie, deren Wert in T_o 100 EUR beträgt. Mit einer Wahrscheinlichkeit von $p = 0,7$ erhöht sich der Preis nach zwei Jahren auf 110 EUR und $1 - p = 0,3$ liegt er zu diesem Zeitpunkt bei 90 EUR. Für das erste Zeitintervall mit einer Dauer von 12 Monaten, dessen Ende der Startzeitpunkt der betrachteten Forward Start Option sei, gilt, dass der Preis des Basiswertes mit einer Wahrscheinlichkeit von $p = 0{,}7$ auf 104 EUR steigt und mit einer Wahrscheinlichkeit von 0,3 auf 96 EUR sinkt. Die möglichen Werte des Underlyings nach einem Jahr sind die möglichen Strike-Preise der Option. Betrachtet sei eine Forward Start Call Option, welche eine Laufzeit von zwei Jahren besitzt. Nach einem Jahr wird der Strike Preis der Option festgelegt. Die möglichen Auszahlungsprofile der Option am Ende der Laufzeit ergeben sich, analog zu den Ausführungen in Kapitel 2, aus der Differenz zwischen dem Preis des Underlyings und dem Strike-Preis.

Abbildung 4.2 verdeutlicht das oben angeführte Zahlenbeispiel grafisch.

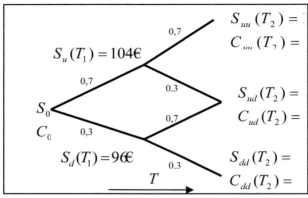

Abb. 4.2: Beispielhafte Wertentwicklung des Underlyings einer Forward Start Option im Binomialmodell (Zahlenbeispiel)
(Quelle: eigene Darstellung)

Die Auszahlungsprofile der Forward Start Option im Zeitpunkt T_2 ergeben sich aus:

$$C_{uu}(T_2) = 110,00€ - 104,00€ = 6,00€ \qquad (4.3)$$

$$C_{ud}(T_2) = 100 - 104,00€ = -4,00 \Rightarrow C_{ud}(T_2) = 0€ \quad (4.4)$$

$$C_{du}(T_2) = 100,00€ - 96,00€ = 4,00€ \qquad (4.5)$$

$$C_{dd}(T_2) = 90,00€ - 100,00€ = -10,00€ \Rightarrow C_{dd}(T_2) = 0€$$
$$(4.6)$$

Analog zu Gleichung (2.15) ergibt sich unter der Annahme, der Diskontierungszins betrage 10%, der Preis der Option aus:

$$C_0 = e^{-r \times 2 \times T} [p^2 \times C_{uu}(T_2) + p(1-p) \times C_{ud} + (1-p)p \times C_{du} + (1-p)^2 C_{dd}]$$

(4.7)

Einsetzen der Werte aus den Gleichungen (4.3) bis (4.6) mit $r=0,1$ ergibt für den Preis einer europäischen Forward Start Call-Option:

$$C_0 = e^{-0,1 \times 2 \times 1}[0,7^2 \times 6\text{€} + 0,7 \times 0,3 \times 0\text{€} + 0,3 \times 0,7 \times 4\text{€} + 0,3^2 \times 0\text{€}] = 3,0948\text{€} \approx 3,09\text{€}$$

Der Preis des Forward Start Calls beträgt im Beispiel also ungefähr 3,09 €.

4.1.3 Die Bewertung von Forward Start Option mit dem Black-Scholes-Modell

Forward Start Optionen lassen sich, im Gegensatz zu vielen anderen pfadabhängigen exotischen Optionen, auch mit der Black-Scholes Formel verhältnismäßig einfach bewerten. Viele pfadabhängige exotische Derivate verlangen die Anwendung von mehrdimensionalen Normalverteilungen, was die Bepreisung solcher Kontrakte mit Hilfe des Black-Scholes-Modells erheblich aufwendiger macht, als die Bewertung von einfachen Optionen. Dennoch steht auch das Black-Scholes Modell vor der Schwierigkeit, dass der Ausübungspreis der Option erst einige

Zeit nach Abschluss des Vertrages festgelegt wird. Analog zu den obigen Ausführungen zum Binomialmodell gilt für den Ausübungspreis K der Option:

$$K = S(T_1),\qquad\qquad(4.7)$$

mit $E[S(T_1)] = Se^{r \times T}$ $\qquad\qquad(4.8)$

Der Underlyingpreis zum Startzeitpunkt der Option entspricht bei angenommener Risikofreiheit dem aktuellen Underlyingpreis aufgezinst auf den Laufzeitbeginn der Option.

Aus Gleichung (4.7) folgt, dass die Variable K aus Gleichung (2.19) mit $S(T_1)$ ersetzt werden kann. Dies löst das Problem des unbekannten Basispreises der Option. Zur Bewertung der Forward Start Option muss die Gleichung (2.19) zur Bewertung eines einfachen europäischen Calls, bei Vernachlässigung von Dividendenzahlungen, wie folgt verändert werden[39]:

$$FST_C = S(T_1)[N(d_{1fst}) - e^{-r(T-T_1)}N(d_{2fst})] \qquad(4.9)$$

Der Zeitpunkt T_1 beschreibt den Zeitpunkt in der Zukunft, in dem der Basispreis festgelegt wird und die Laufzeit der Option beginnt. Die

---

[39]   vgl. Zhang (1998), S. 188

Variable T beschreibt die Laufzeit der Option. Wird das Laufzeitende der Option mit $T*$ bezeichnet, so gilt für T_1:

$$T_1 = T*-T \qquad (4.10)$$

Für d_1 und d_2 gilt:

$$d_{2fst} = \frac{v}{\sigma}\sqrt{T - T_1} \qquad (4.11)$$

$$d_{1fst} = d_{2fst} + \sigma\sqrt{T - T_1} \qquad (4.12)$$

Für v als Durchschnitt der lognormalverteilten Preise für $S(T_1)$ gilt ferner:

$$v = r - \frac{\sigma^2}{2} \qquad (4.13)$$

Eine allgemeine Formel zur Bewertung europäischer Forward Start Optionen wird durch das Einsetzen einer binären Variablen w in Gleichung (4.9) generiert:

$$FST = wS(T_1)[N(wd_{1fst}) - e^{-r(T-T_1)}N(wd_{2fst})] \qquad (4.14)$$

Wird w bei Bewertung einer Call Option gleich 1 und für die Bewertung einer Put Option gleich -1 gesetzt, so erhalten alle Variablen die zur Bewertung des jeweiligen Optionstyps benötigten Vorzeichen.[40] Einsetzen von (4.8) in (4.14) ergibt:

$$FST = wSe^{r \times T}[N(wd_{1fst}) - e^{-r(T-T_1)}N(wd_{2fst})] \quad (4.15)$$

Bei Betrachtung des Zahlenbeispiels aus Kapitel 4.1.1 mit einer angenommenen Volatilität von $\sigma = 0,25$ beträgt der Preis einer europäischen Call-Option analog den obigen Ausführungen:

$$v = 0,1 - \frac{0,25^2}{2} = 0,06875$$

$$d_{2fst} = \frac{0,06875}{0,25}\sqrt{2-1} = 0,275 \Rightarrow N(0,275) = 0,60835$$

$$d_{1fst} = 0,275 + 0,25\sqrt{2-1} = 0,525 \Rightarrow N(0,525) = 0,7002$$

Einsetzen der oben ermittelten Werte für d_1 und d_2 in Gleichung (4.18) mit $r=0,1$ ergibt den Optionspreis:

$$FST = 1 \times 100€ \times e^{0,1 \times 2}[0,7002 - e^{-0,1(2-1)} \times 0,60835] \approx 18,29€$$

Das Black-Scholes-Modell lässt sich wie zuvor gezeigt, nach einigen Veränderungen für die Bewertung von Forward Start Optionen

---

[40]   vgl. Zhang (1998), S. 188

verwenden. Unter Berücksichtigung der in Kapitel 2.3 vorgestellten Prämisse der konstanten Volatilität muss jedoch angemerkt werden, dass diese Annahme ein wesentliches Motiv von Investoren von Forward Start Optionen außer Acht lässt. Für gewöhnlich werden Forward Start Optionen von Investoren gekauft, die mit einem Anstieg der Volatilität des Underlyings in der Zukunft rechnen. Um dieses Motiv bei der Bewertung zu berücksichtigen, kann die konstante Volatilität durch eine stochastische Volatilität ersetzt werden, so dass die Motive von Investoren bei der Bewertung entsprechend berücksichtigen werden. Da eine Vorstellung der Bewertung von Forward Start Optionen mit stochastischen Volatilitäten an dieser Stelle zu weit führen würde, sei der interessierte Leser an dieser Stelle auf einschlägige Literatur verwiesen[41].

---

[41]   vgl. z.B. Kruse (2003) zur Bewertung von Forward Start Optionen mit Heston's Modell stochastischer Volatilitäten

4.2 Barrier Optionen

4.2.1 Einführung in die Barrier-Optionen

Barrier-Optionen gehören, ebenso wie die zuvor vorgestellten Forward Start Optionen, zur Gattung der pfadabhängigen Optionen. Die Auszahlung aus einem solchen Optionskontrakt ist davon abhängig, ob der Preis des Underlyings während der Laufzeit der Option eine bestimmte Schwelle („Barrier") über- oder unterschreitet oder nicht. Barrier Optionen lassen sich unterteilen in Knock-In-Optionen und Knock-Out-Optionen. Knock-Ins sind Optionen, bei denen der Vertrag erst dann Gültigkeit erlangt, wenn die Schwelle über- (Up-and-In-Option) bzw. unterschritten (Down-and-In-Option) wird. Knock-Outs hingegen verfallen, sobald der Preis ein festgelegtes Level überschreitet (Up-and-Out-Optionen) oder unterschreitet (Down-and-Out-Optionen).[42] Das Über- bzw. Unterschreiten der Barrier wird auch als Triggerbruch bezeichnet. Daher werden Barrier-Optionen oft auch „Trigger-Optionen" genannt. Durch die Festlegung eines Kurslevels, welches über die Gültigkeit und den Verfall

---

[42] Vgl. Wilmott (2007), S. 288 ff.

eines Kontraktes entscheidet, sind Barrier-Optionen insbesondere für Investoren interessant, die eine Risikopositionen von Underlyings mit hoher Volatilität zumindest teilweise absichern wollen. Im Vergleich zu Plain-Vanilla-Optionen auf solche Underlyings, sind Barrier-Optionen eine günstige Hedgingalternative. Barrier-Optionen werden des Weiteren danach unterteilt, ob die Barrier über („up") oder unter („down") dem aktuellen Underlyingpreis liegt. Da Barrier-Optionen als Call-Optionen wie auch als Put-Optionen auftreten, gibt es die in Abbildung 4.3 dargestellten acht verschiedenen Typen von Barrier-Optionen:

Optionstyp	Beschreibung
down-in calls	Call-Optionen, die Gültigkeit erlangen, wenn der Underlyingpreis die Barrier unterschreitet
up-in calls	Call-Optionen, die Gültigkeit erlangen, wenn der Underlyingpreis die Barrier überschreitet
down-out calls	Call-Optionen, die verfallen, wenn der Underlyingpreis die Barrier unterschreitet
up-out calls	Call-Optionen, die verfallen, wenn der Underlyingpreis die Barrier überschreitet
down-in puts	Put-Optionen, die Gültigkeit erlangen, wenn der Underlyingpreis die Barrier unterschreitet
up-in puts	Put-Optionen, die Gültigkeit erlangen, wenn der Underlyingpreis die Barrier überschreitet
down-out puts	Put-Optionen, die verfallen, wenn der Underlyingpreis die Barrier unterschreitet
up-out puts	Put-Optionen, die verfallen, wenn der Underlyingpreis die Barrier überschreitet

Abb. 4.3: Auflistung und Beschreibung möglicher Arten von Barrier-Optionen
[Quelle: Zhang (1998), S. 204]

Abbildung 4.4 stellt die Bedeutung der Barrier grafisch da:

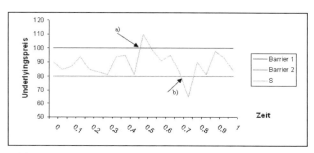

Abb. 4.4: Bedeutung von Barrier und Wertverlauf des Underlyings der für Knock-in- und Knock-Out-Barrier Optionen
(Quelle: eigene Darstellungen)

Der Pfeil a) in Abbildung 4.4 zeigt den Punkt, an dem der Preis des Underlyings die Barrier nach oben überschreitet. An diesem Punkt verfallen Up-and-Out-Barrier. Up-and-In-Barrier hingegen erlangen erst mit diesem Überschreiten Gültigkeit. Pfeil b) beschreibt oben genannten Ereignisse für Down-and-Out-Barrier (Verfall) und Down-and-In-Barrier (Gültigkeit).

Vor dem Hintergrund der in Abbildung 4.3 genannten Optionstypen ist anzumerken, dass die vertragliche Ausgestaltung von Barrier-Optionen im OTC-Markt grundsätzlich frei verhandelbar ist, weshalb die obige Darstellung lediglich ein grobes Klassifizierungssystem zur Einteilung dieser Optionen sein kann. Neben den, an die Plain-Vanilla-Optionen angelehnten Formen von Barrier-Optionen, gibt es weitere Formen wie zum Beispiel Asian-Barriers, bei denen die Gültigkeit bzw. der Verfall des Rechtes davon abhängt, ob der durchschnittliche Underlyingpreis die Barrier über- oder unterschreitet. Bei Parisian-Barrier-Optionen genügt ein einfaches Überschreiten der Barrier nicht, damit die Option Gültigkeit erlangt bzw. verfällt. Der Preis des Underlyings muss die Barrier für einen bestimmten Zeitraum unter- bzw. oberhalb der Barrier liegen, abhängig davon, ob es sich um eine Up- oder Down-Barrier-Option handelt. So genannte Soft-Barrier-Optionen besitzen zwei Schwellen, die beide entweder über oder unter dem aktuellen Preis des Underlyings liegen, abhängig davon, ob es sich um eine Up- oder Down-Barrier-Option handelt. Wird die erste, niedrigere Schwelle erreicht, so wird im Falle einer Knock-out Option nur ein Teil des Kontraktes wertlos. Erst bei Erreichen der zweiten Barrier verfällt die Option vollständig. Dies sind nur zwei Beispiele für komplexere Barrier-Optionen.[43]

---

[43] vgl. Wilmott (2007), S. 301 für Parisian- und Soft-Barrier-Optionen sowie weitere Formen

Die Einsatzmöglichkeiten für Barrier-Optionen in der Praxis sind ähnlich vielfältig wie die verschiedenen Formen dieses Optionstyps. Im Portfoliomanagement werden sie häufig verwendet, um Risiken zukünftiger Wertentwicklungen zu hedgen. Dabei sind Barrier-Optionen billiger als identisch ausgestattete Plain-Vanilla-Optionen, da der Käufer einer solchen Option nicht an der kompletten Wertentwicklung des Underlyings partizipieren kann. Aus diesem Grund liegt der Preis der Option unter dem eines Vanilla-Calls mit identischem Strike.

Barrier Optionen werden häufig auch bei strukturierten Anlageprodukten, wie etwa Zertifikaten, verwendet. Oftmals finden sich bereits im Namen des Produktes die Charakteristika von Barrier Optionen wieder, wie zum Beispiel bei einem Down-and-Out-Zertifikat. Anlage 2 zeigt die Emissionsbedingungen eines solchen Zertifikates auf die Aktie der Deutschen Bank, welches im März 2008 von der WestLB aufgelegt wurde. Dieses Beispiel verdeutlicht, dass Barrier Optionen, die als Optionskontrakte nur institutionellen Anlegern am OTC Markt zugänglich sind, durch Verwendung strukturierter Produkte auch von Privatanlegern gekauft werden können.

Nach der Einführung in die Barrier-Optionen und einige ihrer zahlreichen Varianten, wird in Kapitel 4.2.1 die Bewertung dieses Optionstyps vorgestellt, wobei die Ermittlung des Preises exemplarisch im Binomialmodell erfolgt. In der Literatur finden sich auch Ansätze, die eine Monte-Carlo-Simulation oder eine partielle Differenzialgleichung verwenden, weshalb die Bewertung von Barrier-Optionen mit allen in Kapitel 2 vorgestellten Bewertungsmodellen erfolgen kann.[44]

4.2.2 Die Bewertung von Barrier-Optionen im Binomialmodell

Die Idee zur Bewertung von Barrier Optionen im Binomialmodell folgt den in Kapitel 2.2 geäußerten Annahmen. Der Binomialbaum muss bei Barrier Optionen jedoch um die Barrier ergänzt werden. Abhängig vom betrachteten Typ der Barrier Option, entspricht der Wert der Option ober- bzw. unterhalb der Barrier null. Betrachtet sei eine Aktie mit

---

[44] vgl. u.a. Wilmott (2007), S. 290 zur Bewertung von Barrier-Optionen mit part. Differentialgleichungen

einem aktuellen Kurs von 80 EUR. Ein Investor kauft eine europäische Up-and-In Call-Option auf diese Aktie, welche einen Strike von 80 EUR und eine Barrier von 100 EUR besitzt. Die Wahrscheinlichkeit für eine positive Wertentwicklung sei konstant über alle Perioden mit 0,7 angenommen. Analog beträgt die Wahrscheinlichkeit für eine negative Wertentwicklung 0,3. Abbildung 4.5 veranschaulicht die Wertentwicklung des Underlyings und die Auszahlungsprofile der Option am Ende der Laufzeit in Abhängigkeit der Wertentwicklung des Underlyings. Zu beachten ist bei den Auszahlungsprofilen der Barrier Option, dass, im Gegensatz zu Plain Vanilla Optionen, in einem Knoten des Binomialbaums unter Umständen zwei Auszahlungsprofile existieren. Dies hängt davon ab, ob der Preis des Underlyings die Knock-In-Schwelle erreicht hat oder nicht. Als Beispiel sei der Knoten mit dem Underlyingpreis S_{uud} betrachtet. Der Preis für S_{uud} und S_{duu} ist zwar identisch, jedoch unterscheiden sich die Auszahlungsprofile C_{uud} (10 EUR) und C_{duu} (0 EUR), da nur bei C_{uud} das Knock-In-Level des Underlyingpreises erreicht wurde. Für eine einfache Option hingegen, wäre es vernachlässigbar, auf welchem Weg der Knoten erreicht wird – die Auszahlung beträgt in bei-

den Fällen 10 EUR. Aus diesem Grund ergeben sich, wie im weiteren Verlauf des Kapitels gezeigt wird, unterschiedliche Preise für
eine Barrier-Option und eine einfache Call-
Option auf das Underlying S.

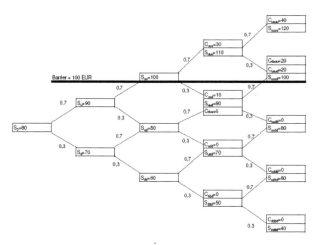

Abb. 4.5: Wertentwicklung und Auszahlungsprofile
einer Up-and-In Call Barrier Option im vierstufigen
Binomialmodell
(Quelle: eigene Darstellung)

Die Barrier von 100 EUR wird in Abbildung
4.5 als eine rote Linie dargestellt. Die Annahme, bei der betrachteten Option handele
es sich um eine Up-and-In Call Option, führt
dazu, dass nur bei zu Auszahlungen aus der

Option kommt, wenn der Preis des Basiswertes zwischenzeitlich über der Barrier lag. Dies ist nur für die Underlyingpreise S_{uuuu} und S_{uuud} sowie S_{duuu} der Fall. Eine entsprechende Berücksichtigung in Gleichung (2.20) führt zu:

$$C_{0\,Barrier} = e^{-r \times T}[p^4 \times C_{uuuu} + p^3(1-p) \times C_{uuud} + (1-p)p^3 \times C_{duuu}]$$

(4.19)

Einsetzen der zuvor genannten und in Abbildung 4.6 ermittelten Werte führt bei einem Diskontierungszins von $r = 0,1$ zu:

$$C_{0\,Barrier} = e^{-0,1 \times 4}[0,7^4 \times 40€ + 0,7^3 \times 0,3 \times 20€ + 0,3 \times 0,7^3 \times 20] = 9,1968€ \approx 9,20€$$

Im Folgenden werden die Preise der oben beschriebenen Up-and-In Barrier Option und eines europäischen Plain-Vanilla-Calls mit gleichem Strike und einer Laufzeit von drei Jahren verglichen. Aus Abbildung 4.6 lässt sich entnehmen, dass nach drei Perioden zwei Auszahlungsprofile für die Barrier-Option existieren. Für den Wert der Barrier-Option gilt gemäß Gleichung (4.19):

$$C_{0\,Barrier} = e^{-0,1 \times 3}[0,7^3 \times 30€ + 0,7^2 \times 0,3 \times 10€] \approx 8,71€$$

Für den Plain-Vanilla-Call existieren nach drei Jahren drei Auszahlungsprofile. Diese sind gegeben durch:

$$C_{uuu} = 110€ - 80€ = 30€,$$

$$C_{uud} = 90€ - 80€ = 10€, \text{ sowie}$$

$$C_{duu} = 90€ - 80€ = 10€.$$

Der Preis beträgt in Anlehnung an Gleichung (2.21):

$$C_0 = e^{-0,1 \times 3}[0,7^3 \times 30€ + 2 \times (0,7^2 \times 0,3) \times 10€] \approx 9,80€$$

Dieses Beispiel zeigt, dass zwischen der Barrier Option und einer identisch ausgestatten Vanilla Option deutliche Preisunterschiede liegen.

Bei der hier vorgestellten Berechnungsmethode handelt es sich um eine numerische Lösung zur Bewertung von Barrier Optionen, die die in Kapitel 2.1 vorgestellten Annahmen zum Random Walk stark vernachlässigt. Eine alternative Bewertungsmethode für Barrier Optionen ist die Preisermittlung mit einer modifizierten Form des Black-Scholes-Modells, wobei hier die Annahme einer einfachen Normalverteilung aufgrund der Pfadabhängigkeit nicht aufrechterhalten werden kann. Da demzufolge mehrdimensionale Normalverteilungen zum Einsatz kommen, steigt der Rechenaufwand erheblich, obwohl die Kursdynamik des Modells dieselbe bleibt.

4.3 Basket Optionen

4.3.1 Einführung in die Basket Optionen

In den Kapiteln 4.1 und 4.2 wurden mit den Forward Start bzw. Barrier Optionen zwei pfadabhängige exotische Optionen vorgestellt, die jeweils ein Underlying referenzierten. Im diesem Kapitel sollen nun Basket Optionen vorgestellt und bewertet werden. Basket Optionen sind Derivate, die nicht nur ein einzelnes Underlying, sondern einen Korb („Basket") von Finanztiteln, wie zum Beispiel Aktien, referenzieren. Der Preis einer Option auf einen Korb aus Aktien hängt demnach nicht nur vom Wertverlauf eines einzigen Basiswertes ab, sondern von der Wertentwicklung des gesamten Baskets und somit auch von der Korrelation der Wertpapiere untereinander.[45] Aus diesem Grund werden Basket Optionen auch als korrelationsabhängige Optionen klassifiziert.

---

[45] vgl. Zhang (1998), S. 549

Die Einsatzmöglichkeiten für Basket Optionen sind vielfältig. Oftmals werden sie zur Absicherung ganzer Portfolien verwendet, wobei der wesentliche Vorteil darin liegt, dass Basket Optionen aufgrund der Korrelation der Underlyings weniger volatil sind als ein Portfolio, welches aus Plain-Vanilla-Optionen besteht. Der Käufer einer Basket Option kann die hohen Prämien von Vanilla-Options auf hochvolatile Underlyings vermeiden, wenn noch andere Titel referenziert werden, deren Korrelationskoeffizient ρ kleiner als 1 ist. Falls der Wert eines hochvolatilen Underlyings stark ansteigt, wird dieser Anstieg von den Wertverlusten bzw. weniger stark ansteigenden Preisen der anderen Basiswerte aufgefangen, so dass der Wert der Basket Option weniger stark ansteigt, als der Preis des volatilen Underlyings.[46] Dies senkt die Absicherungskosten erheblich, weshalb große Portfolien in der Regel mit Basket Optionen statt mit einfachen Optionen gehedgt werden, da Basket Optionen für den Stillhalter im Gegenzug ein geringeres Risiko verursachen als Vanilla Options auf einzelne hochvolatile Underlyings. Für den Fall, dass die hochvolatilen Werte im Basket jedoch per-

---

[46]   vgl. Zhang (1998), S. 549

fekt miteinander korreliert sind, droht der Gesamtwert des Portfolios unter den Ausübungspreis zu fallen, so dass für den Käufer einer Call-Option ein Totalverlust entsteht. Umgekehrt besteht bei einem starken Wertanstieg über den Strike Price hinaus die Möglichkeit, dass der Käufer einer Basket Put-Option einen Totalverlust erleidet.

Eine Form von Basket Optionen sind die so genannten Index Optionen, deren Basket aus einer Nachbildung eines bestimmten Indizes besteht. Solche Optionen werden häufig von großen, institutionellen Investoren eingesetzt, um ein bestehendes Portfolio gegen negative Marktentwicklungen abzusichern.[47]

Des Weiteren finden diese Optionen, wie auch die Barrier Optionen, Anwendung im Financial Engineering, wenn es darum geht, Indizes mit strukturierten Produkten zu referenzieren. Unter Umständen besitzen auch Basket Zertifikate ähnliche Eigenschaften wie Barrier Optionen, da z.B. festgelegt werden kann, dass im Falle einer Wertminderung eines Underlyings, die Rückzahlung nur teilweise erfolgt, was einer Soft Barrier Option mit einem Down-and-Out-Feature sehr ähn-

---

[47]   vgl. Zhang (1998), S. 550

lich ist. Anlage 3 zeigt exemplarisch einen Auszug aus den Emissionsbedingungen des „Capped Bonus Solar Basket Zertifikates", welches von der Investmentbank Merrill Lynch im Jahre 2004 emittiert wurde. Dieses Zertifikat zahlt den Nennwert zuzüglich eines Bonus zurück, falls die Barrier, d.h. ein Wertverlust einer Aktie im Basket von mehr als 50 % des Anfangswertes, nicht erreicht wird. Andernfalls berechnet sich der Rückzahlungsbetrag des Zertifikates aus dem Produkt von Nennwert und schlechteste Aktienperformance.

4.3.2 Die Bewertung von Basket Optionen mit der Monte Carlo Simulation

Bei der Bewertung von Basket Optionen sind, neben dem bereits bekannten zufälligen Wertverlauf eines Finanztitels, zusätzlich noch die Korrelation von Underlyings miteinander sowie der Anteil des einzelnen Underlyings am Portfolio zu berücksichtigen. Der Preis des einzelnen Underlyings am Ende der Optionslaufzeit ist gegeben durch[48]:

---

[48]   vgl. Hull (2006), S. 412

$$S(T) = S(0) \times \exp\left[\left(r - \frac{\sigma^2}{2}\right) \times T + \sigma\varepsilon\sqrt{T}\right] \qquad (4.20)$$

In Gleichung (2.29) beschreibt ε eine standardnormalverteilte Zufallsvariable. Betrachtet man zwei Underlyings , so wird für die einzelnen Variablen der Index $i=1,2$ verwendet. Dies führt zu:

$$S_i(T) = S_i(0) \times \exp\left[\left(r - \frac{\sigma_i^2}{2}\right) \times T + \sigma_i\varepsilon_i\sqrt{T}\right], \qquad (4.21)$$

wobei für die beiden korrelierten Stichproben ε_i mit $i=1, 2$ gilt:

$$\varepsilon_1 = x_1 \qquad\qquad\qquad (4.22)$$

$$\varepsilon_2 = \rho x_1 + x_2\sqrt{1 - \rho^2} \qquad\qquad (4.23)$$

Die Variablen x_1 und x_2 sind zwei voneinander unabhängige Zufallsvariablen der Standardnormalverteilung.[49] Für den Wert des Baskets mit einer Anzahl n an Underlyings gilt:

$$V_{Basket} = \sum_{i=1}^{n} \alpha_i S_i \qquad\qquad (4.24)$$

Der Anteil des einzelnen Basiswertes am Portfolio wird mit α bezeichnet. Der Preis

---

[49]   vgl. Hull (2006), S. 414

der Call Option auf den Basket ergibt sich aus:

$$F_c = e^{-rT} \max[w(V_{Basket} - K;0)], \qquad (4.25)$$

mit *w* als binäre Variable, die für einen Call den Wert 1 und für eine Put Option den Wert -1 annimmt.

Mit Hilfe der Monte-Carlo Simulation werden nun zufällige Werte für x_1 und x_2 aus der Standardnormalverteilung simuliert und zur Berechnung von ε_1 und ε_2 verwendet. Mit Hilfe dieser Werte werden zufällige Werteverläufe für die beiden Underlyings S_i berechnet. Die einfache Addition der beiden durchschnittlichen Werte für S_i ergibt den Wert des Baskets im Zeitpunkt T.

Gegeben sei folgendes Zahlenbeispiel: Der Preis des Basiswertes S_1 in der Gegenwart betrage 100 EUR. Die Volatilität dieses Underlyings betrage $\sigma_1 = 0,25$. Der aktuelle Wert für S_2 beträgt 75 EUR mit einer Volatilität von $\sigma_2 = 0,15$. Betrachtet wird eine Basket-Call Option mit einer Laufzeit von $T = 1$ Jahr und einem Strike von 87,50 EUR. Die Korrelation zwischen den beiden Underlyings wird mit $\rho = 0,5$ angenommen, der Anteil *w* des einzelnen Underlyings am Portfolio sei mit 0,5 angenommen. Die Anzahl der simulierten Werte je Underlying beträgt 10.000.

Die einfache Monte-Carlo Simulation mittels Microsoft Excel führt beispielsweise zu einem erwarteten Portfoliowert von 96,51 EUR in T_1. Analog zu Gleichung (4.25) ergibt sich somit der Preis der Option:

$$F_C = e^{-0,1 \times 1} \max[w(96,51€ - 87,50€);0] = e^{-0,1 \times 1} \times 9,01€ \approx 8,16€$$

Um die Güte dieses Preises bewerten zu können, muss die Simulation auf ihre Genauigkeit überprüft werden. Ein möglicher Ansatz hierfür ist die Ermittlung der Standardabweichung, um im nächsten Schritt ein Preisintervall für ein 95%-Konfidenzniveau zu ermitteln. Gegeben sei eine Standardabweichung von 0,55€ für S_1 und 0,24€ für S_2. Gemäß (2.34) ergibt sich als 95%-Konfidenzniveau für S_1 bzw. S_2:

$$110,15€ - 0,55€ < S_1 < 110,15€ + 0,55€ \Rightarrow 109,60€ < S_1 < 110,70€$$

.

$$82,88€ - 0,24€ < S_2 < 82,88€ + 0,24€ \Rightarrow 82,64€ < S_2 < 83,12€$$

.

Die beiden ermittelten Konfidenzintervalle werden später mit den ermittelten Konfidenzintervallen nach Anwendung von varianzreduzierenden Maßnahmen verglichen, um den Einfluss dieser Methoden auf die Güte der Simulation zu untersuchen.

Wie in Kapitel 2.4 gezeigt wurde, lässt sich die Varianz der Ergebnisse für den Optionspreis mit verschiedenen Techniken verringern. Eine vorgestellte Methode war die Verwendung von gegensätzlichen Variablen zur Ermittlung eines durchschnittlichen Preises für die Option. Durch dieses Vorgehen wird der Einfluss von starken Ausreißern in der Simulation verringert. Hierfür werden die ermittelten Variablen ε_1 und ε_2 mit -1 multipliziert und gemäß Gleichung 2.36 wird ein durchschnittlicher Preis für das Underlying berechnet. Dieser Schritt wird für alle 10.000 Simulationen wiederholt. Aus der Gesamtzahl an Simulationen ergibt sich ein durchschnittlicher Preis von 110,53 EUR (vorher:110,15 EUR) für S_1 und ein durchschnittlicher Preis von 82,88 EUR (vorher: ebenfalls 82,88 EUR) für S_2. Darüber hinaus kann für die Standardabweichung aller Simulationen für S_1 festgestellt werden, dass sich die Standardabweichung aller simulierten Preise von 25 % auf 5 % verringert. Für S_2 beträgt die Standardabweichung bei Verwendung von antithetischen Variablen 2 % anstelle von 15%. Eine Anwendung auf das obige Zahlenbeispiel ergibt einen durchschnittlichen Portfoliowert von 96,71 EUR, welcher zu folgendem Optionspreis führt:

$$F_C = e^{-0,1 \times 1} \max[w(96,71€ - 87,50€);0] = e^{-0,1 \times 1} \times 9,21€ \approx 8,33€$$

.

Der Optionspreis liegt um 0,17 EUR höher als bei der einfachen Simulation. Der Einfluss der Verwendung von antithetischen Variablen auf den Optionspreis lässt sich in absoluten EUR-Beträgen ausdrücken, wenn man erneut die Konfidenzintervalle für S_1 und S_2 für ein Konfidenzniveau von 95% ermittelt. Für S_1 ergibt sich folgendes Konfidenzintervall:

$$110,53€ - 0,10€ < S_1 < 110,53€ + 0,10€ \Rightarrow 110,43€ < S_1 < 110,63€$$

Für S_2 lautet das neue Konfidenzintervall nach Verwendung von antithetischen Variablen:

$$82,88€ - 0,03€ < S_2 < 82,88€ + 0,03€ \Rightarrow 82,85€ < S_2 < 82,91€$$

.

Somit zeigt sich der Nutzen der Verwendung von gegensätzlichen Variablen deutlich im

95%-Konfidenzniveau der Simulation der beiden Underlyingpreise aus.

Als eine weitere Methode zur Verbesserung der Ergebnisse wurde die „control variate technique" genannt. Hierfür wird eine, dem zu bewertenden Kontrakt A ähnliche Option B, für die eine zuverlässige, alternative Bewertungsmethode existiert, mit den aus der Normalverteilung erzeugten Zufallsvariablen in der Monte-Carlo Simulation bewertet. Darüber hinaus wird für die Option B ebenfalls ein Preis mit dem zuverlässigen Bewertungsmodell ermittelt. Im Anschluss daran wird die Abweichung beider Preise errechnet. Der Preis des ursprünglich zu bewertenden Derivates A wird um diese Abweichung bereinigt. Betrachtet sei eine europäische Plain-Vanilla-Call-Option auf das Underlying S_1, die zum einem mit der Monte-Carlo Simulation und zum anderen mit der Black-Scholes Formel bewertet wird. Für die Bewertung wird angenommen, der aktuelle Preis von S_1 betrage 100 EUR und der Strike-Price der Option betrage 50,00 EUR. Gegeben seien darüber hinaus die Volatilität mit 25% und die Laufzeit der Option mit einem Jahr. Der risikofreie Zinssatz wird mit 10% angenommen.

Die Bewertung der einfachen Option erfolgt zunächst mit der Monte-Carlo Methode und den, für die Basketoption ermittelten Zufallsvariablen aus der Normalverteilung. Es ergibt sich ein Optionspreis von 54,43 EUR. Die Bewertung des Kontraktes mit der Black-Scholes Formel erfolgt in der gleichen Weise wie im Zahlenbeispiel in Kapitel 2.3. Für den oben beschriebenen Optionskontrakt ergibt sich der Optionspreis aus:

$$d_1 = \frac{\ln\left(\frac{100}{50}\right) + (0,1 + \frac{1}{2} \times 0,25^2)(1 - 0)}{0,25 \times \sqrt{1 - 0}} = 3,30$$

$$d_2 = 3,30 - 0,25 \times \sqrt{1 - 0} = 3,05$$

$$F_C = 100 \times N(3,30) - 100 \times e^{-0,1 \times 1} N(3,05) \approx 54,76€$$

Der Preis der Option im Black-Scholes Modell beträgt 54,76 EUR. Gemäß Gleichung (2.37) lässt sich der Preis der Option A, welcher mit f_A bezeichnet wird, berechnen. Durch Einsetzen der ermittelten Preise ergibt sich der Preis der Option A aus den Preisen für Option A und B aus der Monte-Carlo Simulation und dem Black-Scholes Preis für Derivat B mit:

$$f_A = 8,16€ - 54,43€ + 54,76€ = 8,49€$$

Dies zeigt, dass die Monte-Carlo Simulation den Preis der Basket Option unterschätzt.

Nach Ermittlung des Preises für eine Basketoption stellt sich für einen Investor die Frage, ob es vorteilhafter ist, eine Basket Option auf ein Portfolio zu kaufen oder eine Absicherung des eigenen Portfolios mit Plain-Vanilla-Optionen vorzunehmen. Zur Beantwortung dieser Frage werden zunächst Preise für einfache Optionen mit der Monte-Carlo Simulation ermittelt. Hierbei ist zu beachten, dass entgegen Gleichung (4.23) ε_2 nun unabhängig von ε_1 sein muss, da bei zwei separaten Optionen für S_1 und S_2 die Korrelation der beiden Investments zwar für den Wert des Optionsportfolios, nicht aber für den Wert der einzelnen Optionen maßgeblich ist. Für die Call-Option auf S_1 ergibt sich ein Optionswert von 9,67 EUR, der Wert einer Call-Option auf S_2 beträgt 7,22 EUR. Der Preis der Basketoption, welcher mit der einfachen Monte-Carlo Simulation auf Seite 32 ermittelt wurde, beträgt 8,16 EUR. Diese Basket Option bezog sich auf ein Portfolio, welches je zur Hälfte aus S_1 und S_2 bestand. Als Differenz ergibt sich somit

$$\frac{9{,}67€ + 7{,}22€}{2} - 8{,}16€ = 0{,}285€ \approx 0{,}29€\,.$$

Die Basketoption ist gegenüber einem Portfoliohedge aus Plain-Vanilla-Optionen um ca. 0,29 EUR günstiger. Dies illustriert den bereits erwähnten Kostenvorteil von Basketoptionen gegenüber einer Absicherung mit einfachen Optionen.

5   Zusammenfassung und Würdigung

Im Verlauf dieser Studie wurden exotische Optionen vorgestellt und bewertet. Zur Ermittlung von Preisen für Forward Start Optionen, Barrier Optionen und Basket Optionen mussten alle drei Modelle, die in diesem Zusammenhang angewendet wurden, modifiziert werden, um den Unterschieden der bewerteten Kontrakte zu einfachen Optionen gerecht zu werden. Dabei wurde gezeigt, wie mit Hilfe von stochastischen Zusammenhängen die unsichere Wertentwicklung des Basiswertes einer Option nachgebildet und aus diesem Wertverlauf den Preis einer Option abgeleitet werden kann, wobei schnell deutlich wurde, dass alle Modelle teilweise stark vereinfachende Annahmen treffen müssen, um den Rechenaufwand zu begrenzen.

Die Bewertung exotischer Optionen in der Bankpraxis hat große Bedeutung. Solche Kontrakte kommen in einer Bank nicht nur im Portfoliomanagement zum Einsatz, sondern sind unter Umständen auch Teil des Vergütungssystems des Managements, wie im Kapitel zu Forward Start Optionen verdeutlicht wurde. Die verlässliche Bestimmung eines Wertes für solche Kontrakte ist demnach wichtig für den Bilanzwert einer solchen Position, was nach einer möglichst genauen Methode zur Bewertung dieser Optionen verlangt. Der Handel einer Bank hat großes Interesse daran, keine überbewerteten Kontrakte zu kaufen und muss den Preis entsprechend zuverlässig bestimmen können. Anders als bei der Bilanzierung ist ein Händler jedoch darauf angewiesen, dass er möglichst schnell einen hinreichend zuverlässigen Preis vom System geliefert bekommt, da sich die Preise von Derivaten sehr schnell ändern und der vom System gelieferte Preis unter Umständen kurze Zeit später nicht mehr aktuell ist, wenn die Berechnung zu lange dauert. Zeit ist somit ein weiterer Faktor, der bei der Wahl des Bewertungsmodells zu berücksichtigen ist.

Als wesentliches Ergebnis dieser Studie ist festzuhalten, dass es für die Bewertung von exotischen Optionen keine „state-of-the-art"-Methode gibt. Unter Umständen steht, wie am Beispiel des Eigenhandels gezeigt, der Anspruch einen möglichst genauen Wert zu berechnen im Konflikt zur Zeit, die für eine solche Berechnung aufgewendet werden kann. Neben den Schwierigkeiten, die die Berechnung eines Preises verursachen kann, stellt sich darüber hinaus die Frage, ob der Markt für exotische Optionen so liquide ist, dass sich diese Preise im Handel auch tatsächlich realisieren lassen. Darüber hinaus findet man, neben exotischen Optionen auf traditionelle Finanztitel, immer häufiger auch Optionen auf exotische Underlyings, wie zum Beispiel das Klima oder Energiepreise vor, was die Wissenschaft der Optionsbewertung vor die nächste Herausforderung stellt.

Anlage 1

aktueller Preis des Underlyings S0	200
Strike Price (K)	210
risikofreier Zins (r)	0,075
Laufzeit T	1 Jahr
Zeitintervall Δt	0,1
Volatilität	0,25

Δt	SIM 1	SIM 2	SIM 3	SIM 4	SIM 5
0	200	200	200	200	200
0,1	222,56	206,69	178,55	199,87	190,52
0,2	240,50	213,68	175,30	181,28	185,30
0,3	232,05	212,83	165,45	177,43	193,72
0,4	267,24	207,42	155,52	171,51	195,75

0,5	294,40	212,35	141,89	149,05	206,80
0,6	289,35	224,93	124,44	142,85	240,36
0,7	298,79	226,04	126,95	157,55	220,23
0,8	268,63	227,91	136,42	182,00	199,44
0,9	278,97	235,38	138,09	169,21	208,79
1	285,78	243,08	146,32	155,30	205,42

Call Option	75,78	33,08	0,00	0,00	0,00
Durchschnitt	21,77				
Barwert	20,20				

=B3*EXP((B5-0,5*B8*B8)*B7+B8*WURZEL(B7)*STANDNORMINV(ZUFALLSZAHL()))

Anlage 2

Ausstattungsmerkmale	
Emittentin:	WestLB AG
Rating:	A2 (Moody's); A- (S&P); A (DBRS)
WKN / ISIN-Code:	WLB9EB / DE000WLB9EB7
Typ:	Hebelprodukt / Optionsschein / Aktie
Ausübung des Optionsrechts:	Europäisch mit Barausgleich
Angebotsvolumen:	1 Mio. Stück
Währung:	Euro
Basiswert:	Deutsche Bank AG (ISIN-Code: DE0005140008)
Bezugsverhältnis:	1
Emissionstag:	04.03.2008
Valuta / 1. Börsenhandelstag:	06.03.2008
Letzter Börsenhandelstag:	27.08.2010
Verfalltag:	30.08.2010
Fälligkeitstag:	06.09.2010
Beobachtungszeitraum:	Emissionstag (einschließlich) bis Verfalltag (einschließlich)
Basispreis:	90,00 Euro
Knock-Out Level:	40,00 Euro
Anfänglicher Verkaufspreis:	9,93 Euro
Notiz:	Stücknotiz
Mindesthandelsvolumen:	1 Down & Out Put Optionsschein
Variabler Handel:	1 Down & Out Put Optionsschein oder ein Vielfaches
Börseneinführung:	Freiverkehr Frankfurt und Stuttgart (EUWAX)
Angebotsland:	Deutschland
Kursinformationen:	Reuters Seite WESTLB 01ff., im Internet (www.westlb-optionsscheine.de)

Ausstattungsmerkmale eines Down & Out Zertifikates auf die Aktie der Deutschen Bank AG
(Quelle: http://www.westlb-zertifikate.de/pdf/WLB9DE-TD-.pdf)

Anlage 3

Börsennotierung:		Stuttgart & Frankfurt inklusive Freiverkehr			
Zugrunde liegender Aktienkorb (gleichgewichtet, währungsbereinigt):	i	Aktie	Startlevel	Barriere	Bloomberg-Ticker
	1	Conergy AG	EUR TBD	TBD	CGY GY Equity
	2	Q-Cells AG	EUR TBD	TBD	QCE GR Equity
	3	Solarworld AG	EUR TBD	TBD	SWV GY Equity
	4	Sunpower Corp – Class A	USD TBD	TBD	SPWR US Equity
Barriere-Level i:		50% des offiziellen Schlusskurses der Aktie (i) am Indexbewertungstag			
Barriere-Ereignis:		• Ein Barriere-Ereignis kommt zustande, wenn einer der Referenzaktien während der Laufzeit unterhalb des Barriere-Levels (i) gehandelt wird.			
Auszahlungsbetrag bei Fälligkeit:		1.) Kein Barriere-Ereignis: EUR 100 + Bonus-Level 2.) Sonst. EUR 100 * Schlechteste Aktienperformance wobei, $\text{Schlechteste Aktienperformance} = \underset{(i=1\,\text{bis}\,4)}{Min}\ \dfrac{Aktie^i_{Final}}{Aktie^i_{Initial}}$ für i = 1 bis 4 $Aktie^i_{Final}$ ist der offizielle Schlusskurs der Referenzaktie (i) am Ausübungstag $Aktie^i_{Initial}$ ist der offizielle Schlusskurs der Referenzaktie (i) am Indexbewertungstag Bonus-Level = 60,00			

Auszug aus den Emissionsbedingungen des „Capped Bonus Solar Basket" -Zertifikates von Merrill Lynch (Quelle: http://www.ml-products.de/products/pdf/ML_CBZVI_S50_TS.pdf*)*

Literaturverzeichnis

Black, F. / Scholes, M. (1973), The Pricing of Options and Corporate Liabilities, Journal of Political Economy, Vol. 81, Ausgabe 3 (Mai-Juni 1973), S. 637-654

Bodie, Z. / Kane, A. / Marcus, A. (2005), Investments, 6. aktualisierte Auflage, New York, USA

Bris, E. / Bellalah, M. / Mai, H.M. / de Varenne, F. (1998), Options, Futures and Exotic Derivatives, Chichester, England

Casey, J. (2004), Introduction to Exotic Options, B.S. Undergraduate Mathematics Exchange, Vol. 2, No. 2, http://www.bsu.edu/web/math/exchange/02-02/casey.pdf (Aufrufdatum 22.02.2008)

Cox, J. / Ross, S. / Rubinstein, M. (1979), Option Pricing – A Simplified Approach, in: Journal of Financial Economic, September 1979

Cuthbertson, K. / Nitzsche, D. (2001), Financial Engineering – Derivatives and Risk Mangement, Chichester, England

Foufas, G. / Larson, M.G. (2004), Valuing European Barrier, and Lookback Options using the Finite Element Method and Duality Techniques, http://www.math.chalmers.se/~foufas/paper1.pdf (Aufrufdatum 16.04.2008)

http://www.math.umn.edu/arb/reu/optionXreport.doc.pdf (Aufrufdatum 22.02.2008)

Hull, J.C. (2006), Options, Futures and other Derivatives, 6. aktualisierte Auflage, New Jersey, USA

Kruse, Susanne (2003): On Forward Starting Options in Theory and Practice, erschienen in: Wilmott Magazine, Heft 5, S. 69-71

Kruse, Susanne (2007): Bewertung und Risikoanalyse von Finanzinstrumenten, Hochschule der Sparkassen-Finanzgruppe, Bonn

Kruse, Susanne / Nögel, Ulrich (2005): On the Pricing of Forward Starting Options in Heston's Model on Stochastic Volatility, in: Finance & Stochastics, 9, 233-250,

Lehrbass, F. (1994), Eine Einführung in die arbitragefreie Bewertung von Derivaten in stetiger Zeit am Beispiel europäischer Devisenoptionen, erschienen in: Kredit und Kapital, 27. Jahrgang, Heft 4, S. 591-627

Neftci, S. N. (2000), An Introduction to the Mathematics of Financial Derivatives, 2. aktualisierte Auflage, San Diego, USA

Schmock, U. / Shreve. S.E. / Wystup, U. (2001), The Valuation of Exotic Options under Shortselling Constraints,
http://www.fam.tuwien.ac.at/~schmock/preprints/Exotic_Options.pdf (Aufrufdatum 28.03.2008)

Schoutens, W. / Symens, S. (2003), The Pricing of Exotic Options by Monte-Carlo Simulations in a Lévy-Market with Stochastic Volatility, in: International Journal of Theoretical and Applied Finance, Vol. 6, No. 8, S. 839-864

Sharpe, W.F. / Alexander, G.J. / Bailey, J.V. (1995), Investments, 6. aktualisierte Auflage, New Jersey, USA

Stadtmiller, N. (2000), The Valuation of Barrier Options, Research Experiences for Undergraduates, University of Minnesota, Twin Cities,

Wilmott, P. (2007), Paul Wilmott introduces Quantitative Finance, 2. aktualisierte Auflage, Chichester, England

Zhang, P.G. (1998), Exotic Options – A Guide to Second Generation Options, 2. aktualisierte Auflage, Singapur, China